KB028925

Management Service Organization

MSO Ontology

"병원 경영을 'JUMP UP'시키는 MSO는 무엇이 다른가?"

병원 경영을 'JUMP UP' 시키는 MSO는 무엇이 다른가?

MSO Ontology

초판 1쇄 인쇄 2023년 12월 08일
초판 1쇄 발행 2023년 12월 22일

지은이 유하린

발행인 백유미 조영석
발행처 (주)라온아시아
주소 서울특별시 서초구 방배로 180 스파크플러스 3F

등록 2016년 7월 5일 제 2016-000141호
전화 070-7600-8230 **팩스** 070-4754-2473

값 18,000원
ISBN 979-11-6958-091-5 (13320)

※ 라온북은 (주)라온아시아의 퍼스널 브랜드입니다.
※ 이 책은 저작권법에 따라 보호받는 저작물이므로 무단전재 및 복제를 금합니다.
※ 잘못된 책은 구입하신 서점에서 바꾸어 드립니다.

라온북은 독자 여러분의 소중한 원고를 기다리고 있습니다. (raonbook@raonasia.co.kr)

"병원 경영을 'JUMP UP'시키는
MSO는 무엇이 다른가?"

MSO 온톨로지

MSO
Management Service Organization

Ontology

유하린 지음

병원 경영의 판이 바뀌는 시대,
브랜드 가치를 확립하는
새로운 MSO 전략이 필요하다!

의사가 진료에 집중할 수 있는 최적의 환경,
새 시대의 트렌드에 맞는 병원 경영이란 무엇인가?

병원 운영의
성공과 실패 CASE,
매출, 직원 관리
TIP 공개!

RAON BOOK

RAON
BOOK

병원도 변해야 살아남는다!

20대 중반, 회사 생활을 할 때 다니던 병원이 있었다. 1인 원장님이 진료를 보던 내과 전문의였는데 동네 병원답게 감기에 걸렸을 때도, 몸살에 걸렸을 때도, 코가 막히거나 목이 부었을 때도 모두 그 병원을 찾았다. 간호사 선생님들도 매우 친절했고, 원장님의 진료도 상세하고 자상한 편이라 나는 20대의 대부분을 그 병원에서 치료받고 약 처방을 받았다.

그 원장님은 친절하고 자상한 진료로도 유명했지만 다른 병원과는 다른 특징도 있었다. 내가 A 증상 때문에 병원을 찾아 상담을 하다 보면, 혹시 B와 C 증상도 있지 않으냐며 내가 미처 생각지도 못했던 불편한 증상까지 정확히 짚어냈던 것이다. 그때마다 나는 "아, 맞아요. 그러고 보니 며칠 전부터 이러이러한 증상이 있었어요" 하며 신기해했다.

그러고 나면 원장님은 내가 병에 걸린 이유를 말해주었는데, 원인은 수면 부족부터 기름진 음식을 먹은 것, 야채와 과일 섭취 부족과 운동 부족까지 다양했다. 그렇게 증상의 이유를 설명 듣고 나면 소화불량과 피부에 뾰루지가 난 시기까지 내가 한 행동과 결과가 매우 정확하게 맞아떨어졌다. 그래서 젊은 시절의 나는 그 원장님을 '닥터 셜록'이라고 부르곤 했다. 나는 자주 내원하는 환자가 아니었고 오히려 띄엄띄엄 진료를 보러 가는 편인데도 내 진료 이력을 보면서 생활습관이며 먹는 것, 수면 패턴 등을 알아맞히니 명탐정이 따로 없었던 것이다. 조선 시대, 동네에 몇십 년을 살면서 조부모부터 부모, 자식 세대까지 봐오면서 진료하던 한의사라면 모를까, 그 원장님의 진료가 내겐 매우 신기하면서도 특이한 경험이었다.

그러나 그렇게 '용한' 의사였는데도 그 병원은 환자가 늘 고만고만했다. 대기 환자가 늘어나지도, 그렇다고 줄어들지도 않았다. 10~20분 정도만 대기하면 예약 없이도 언제든지 원장님 진료를 볼 수 있었고, 근무하는 간호사도 두 명으로 한결같았다.

이후 내가 병원 관계자가 되어 병원 일을 하게 되고, MSO(병원경영관리)로서 본격적으로 병원 경영과 운영에 관한 공부를 하고 경험을 하게 되면서, 내가 다녔던 내과 병원의 기억이 자연스럽게 떠올랐고 그 병원의 고객이 늘지 않은 이유가 무엇이었는지 알게 되었다.

핵심은 '브랜딩'에 있었다. 병원의 정체성, 브랜드의 정체성을 확립하지 않고 그저 수많은 내과 중의 한 곳인 병원으로 개원하고 마케팅하고 운영했던 것이 매출 정체 및 병원이 '스케일업(Scale-up)하지 못한 원인이었다. 만약 지금의 내가 그 원장님을 만난다면 〈○○○ 내과〉라는 병원 이름만 내세우지 말고 '환자 중심의 진료를 하는 맞춤의학', '증상을 완화하기보다 증상의 원인을 찾는 병원', '호르몬, 생활습관, 영양상태를 중심으로 한 헬스 케어' 등의 키워드로 병원을 브랜딩하라고 조언했을 것이다. 이렇게 하는 것만으로도 동네에 흔하디흔한 '내과'에서 '환자 맞춤의 건강을 설계'하는 병원으로의 확장이 가능하고, 차별화되는 브랜딩이 가능했을 것이기 때문이다.

환자들은 병원이 구석진 골목에 있거나 건물 외관이 낡았더라도 (물론 입지와 외관마저 깔끔하다면 금상첨화겠지만) 자신들에게 필요하다면 마다하지 않고 찾아오기 마련이다. 당시 그 병원은 동네의 중심상권에서 한 블록 들어간 곳에 위치했고 건물 외관도 낡았지만, 그것이 대기 환자가 늘어나지 않는 원인이 되지는 않았으리라. 대체 가능한 병원이 있는 한, 사람들은 얼마든지 좀 더 가깝고 시설 좋고 넓고 쾌적한 병원으로 발길을 옮길 테니까.

병원은, 아니 병원'도' 이제는 변해야 살아남는다. 진료만 보는 병원은 이제 살아남기 힘들다. 고객 만족, 고객 서비스, 마케팅과 홍보 등 병원 운영에 필요한 요소는 매우 많다. 그러나 원장이 진료 외의 것에 시간을 허비할 수는 없다. 아니, 오히려 진료 외의 것에 시간을 허비해서는 안 된다. 이것이 병원에 MSO(병원경영관리) 전문가가 필요한 이유다.

대기업 퇴사 후 10여 년간 병원에서 근무하며 MSO 실무를 경험하고 MSO 전문가로 컨설팅을 해온 내가 그간 많은 병원의 개원 컨설팅과 경영관리를 해오면서 가장 크게 깨달은 점은, 바로 개원 전 초기에 MSO 컨설팅을 받는 것이 무엇보다 중요하다는 사실이었다. 아무것도 진행되지 않은 백지상태의 병원이 MSO 컨설팅을 하는 최적의 조건이라는 것을, 나는 그간 많은 경험을 통해 알았다. 이것저것 중구난방으로 뒤섞인 병원 콘셉트와 이미지, 병원 이름과 인테리어, 진료 프로그램 등을 재정리하는 일은 새로 시작하는 일보다 배는 더 힘들다. 그리고 시간과 비용도 훨씬 많이 든다. 예비 원장님들은 개원이 반 이상이라고, MSO 관리는 이후에 받아도 큰 문제가 없으리라고 생각하지만, 그것은 큰 오산이다. 개원 시점에 MSO 전문가를 만나 같이 개원을 준비하는 것이 시간과 돈을 절약하는 최선의 길이자 최적의 결과물을 가져올 수 있는 길이라는 것을 나는 확신한다.

현재 나는 'MSOLOGY' 법인을 설립하여 운영 중이다. 내가 꿈꾸고 설계하는 MSO 회사의 역할은 크게 세 가지다. 첫째, 개원의 A부터 Z까지 책임지는 역할. 둘째, 영업과 운영을 책임지는 역할(여기엔 홍보와 바이럴 마케팅, 매출 관리부터 세무와 재무, 인사까지 포함한다). 셋째, 연계사업을 조직하고 구조화하는 역할이 그것이다.

이 책엔 내가 병원 근무자로 시작해 MSO 역할을 해오면서 스스로 체득하고 부딪쳐 경험한 실무와 노하우가 모두 담겨 있다. 내가 경험한 것들을 좀 더 많은 병원 관계자들과 공유하고 병원 경영과 운영 및 관리로 고민하는 이들에게 적절한 길을 알려주고 싶어서. 부족한 실력이지만 글로 정리하게 되었다.

책은 총 6개 Chapter로 이루어져 있다. Chapter.1에서는 MSO가 병원 운영의 성패에 어떤 작용을 하는지 MSO의 개념과 필요성에 대해 소개한다. Chapter.2에서는 입지 선정하는 법부터 임대계약, 인테리어와 직원 채용 등 개원 전에 체크해야 할 5가지를 설명했고, Chapter.3에서는 개원 후 직원 관리부터직원 교육 매뉴얼, 외부 및 내부 마케팅과 확장 시기와 매출 및 세무 전략 등 개원 후에 체크해야 할 항목과 관리법을 정리해 담았다. Chapter.4에서는 병원을 점프 업 시키는 차별화 전략 8가지를, Chapter.5에서는 병원 운영 및 관리에 성공한 병원과 실패한 병원의 이유를 실제 사례로 소개했다. '부록' 편에서는 'MSO', '병원 매출', '직원 관리' 3 파트로 나누어 관계자들이 궁금해하는 질문에 답하는 글을 실었다.

병원 경영의 판이 바뀌었다. 모쪼록 이 책이 개원을 준비 중인 원장님은 물론이고 진료는 잘 보나 운영 방법을 몰라 매출이 오르지 못하는 원장님, 홍보와 마케팅에 큰돈을 들이고도 매출 증대 효과는 보지 못하는 원장님, 전반적인 병원 운영 및 관리에 손대지 못한 채 매출 부진에 빠진 원장님 모두에게 실질적인 도움이 되기를 바란다. 나의 소박한 글이 부디 변화하는 병원 경영의 파고에서 살아남을 수 있는 작은 길을 안내해주기를 바라며, 모든 원장님들의 '슬기롭고 지혜로운 병원 경영'을 마음 깊이 응원한다!

유하린

Contents

Chapter. 2

개원 전 체크해야 할 MSO 전략 5

Chapter. 3

개원 후 체크해야 할 MSO 전략 6

Chapter. 4

병원을 점프 업 시키는 차별화 전략 8

Chapter. 5

MSO 전문가의 팁 : 병원 운영에 성공한 병원 VS 실패한 병원

Supplement **Q&A**

MSO 전문가에게 묻는다

하루에도 수백 개 병원이 개원하고 수백 개 병원이 폐원하는 병원 홍수 시대. 경영과 관리에서 혁신을 꾀하지 않는 병원은 경영에서 뒤처질 수밖에 없다. 그런데 그 일은 병원장이나 관리 직원, 사무장이나 행정 실장이 할 수 있는 영역이 아니다. 의사가 진료에 매진하면 고객이 늘어날 수밖에 없다. 이제 진료는 원장님, 병원 경영은 전문 MSO가 맡는다면 병원의 꾸준한 매출 성장은 물론이고 환자의 만족도도 함께 높아질 것이다.

Chapter.1

성공하는 병원과
실패하는 병원은
MSO가 결정한다

원장님,
진료만 보세요!

진료를 잘 보는 것과 병원을 경영하는 것은 다르다

"개인 병원 원장이라고 해서 뭐가 특별한가요? 병원장도 큰 틀에서 보면 자영업자와 다를 바 없어요."

한 병원장이 사석에서 우스갯소리로 했던 말이다. 의료 자영업자. 어떤 의미로는 맞는 말이다. 동네 중심 상권마다 새로운 식당과 빵집, 커피숍들이 주기적으로 생겨나듯 병원도 늘 새로운 곳이 생겨난다. 어찌 보면, 병원도 홍수 시대라고 할 수 있다.

그런데 같은 진료과목의 병원이라도 어느 병원의 대기실은 늘 환자들로 북적이는가 하면, 어느 병원 대기실은 한산하기만 하다. 이 같은 차이는 어디에서 오는 것일까? 원장의 진료 수준? 처방약? 아니면 주사제의 차이? 아마 셋 다 아닐 확률이 높을 것이다. 동네가 어디든, 의사가 어느 학교 출신이든, 사실 대한민국에서 이제 막 개원하는 병원이라면 대개 병원의 의료 수준은 일정 수준에서 비슷할 것이라고 나는 감히 확신한다. 그만큼 우리나라의 의료 체계가 시스템화되어 있고 뛰어난 의과대학 졸업생들이 훌륭한 교수진들 아래에서 제대로 된 수련을 받고 배출되기에 그렇다. 그런데 어째서 잘되는 병원, 성공하는 병원과 그렇지 못한 병원들로 나누어지는 것일까? 나는 그 답을 합리적인 병원 경영과 운영에서 찾으라고 말하고 싶다.

잘되는 병원의 비밀 병기, MSO

그렇다면 합리적인 병원 경영과 운영의 해법은 어디에서 찾을 수 있을까? 나는 가장 최선의 방법으로 MSO를 강조하고 싶다. MSO란 병원경영관리 또는 병원경영지원(Management Service Organization)의 약자로 단어의 뜻 그대로, 병원 경영을 지원하는 일체의 행위를 말한다. 병원의 핵심 역할은 의료행위이나, 이 행위가 제대로 작동되기 위해서는 원활한 경영과 원만한 운영, 마케팅, 세무와 회계, 인사(직원 관리) 등이 총체적으로 이루어져야 한다. MSO란 진료를 제외한, 병원 운영의 제반을 관리하는 일을 말한다.

내가 MSO 컨설턴트로 일할 때 나에게 경영관리를 의뢰한 병원 관계자들을 만나면 대부분의 경우 MSO의 M을 'Medical'

로 오해하곤 했다. MSO가 '병원경영관리'라는 내 설명에, M을 당연히 'Medical'로 생각했던 것이다. 나는 'Medical' 대신 'Management'라는 단어가 쓰인 것이 매우 반갑다. 병원을 경영한다는 것을 메디컬의 범위에 국한하는 것이, 아닌 좀 더 큰 범주의 '경영'으로 보는 것이 맞다고 생각하기 때문이다.

병원 운영은 어디까지나 엄연한 비즈니스의 영역이다. 이때 환자는 고객이 되고, 의료장비업체와 제약회사는 협력업체가 되며, 간호사와 상담실장, 데스크 직원들은 직원이 된다. 병원을 '경영'의 측면에서 본다면, 병원 역시 해마다 매출이 꾸준히 신장되어야 살아남을 수 있다. 이제 진료를 잘 보는 것에만 매진하면 경쟁에서 살아남을 수 없다는 이야기다. 잘되는 병원과 그렇지 못한 병원의 차이는 이제 '전문적인 병원경영관리를 받고 있는지'의 여부가 결정한다고 해도 과언이 아닌 시대가 되었다.

우리나라의 MSO, 어디까지 와 있나

외국은 MSO 회사가 병원을 직접 설립하고 운영하면서 진료에만 집중해줄 원장을 직접 고용하는 형태로 운영된다. 그만큼 법으로 제도화되어 있다. 그러나 우리나라는 병원의 영리화가 법으로 불가능하기 때문에 해외의 MSO와는 다른 형태로 진행될 수밖에 없다. 따라서 병원장은 진료에 집중하고 MSO 회사에 경영관리를 의뢰하거나(외부 컨설팅 형식으로) MSO 프랜차이즈로 결합하든지 혹은 내부에 자체 MSO 팀을 구축하는 방식 중 하나를 선택하고 있다.

과거에는 MSO, 즉 병원 경영을 지원하는 회사에 대한 인식조차 없었다. 대부분 가족병원, 혹은 사무장 병원의 형태로 운영되는 게 다였다. 아마 현재도 대다수의 병원들이 이런 형태로 운영되고 있으리라 짐작된다. 이런 형태로 운영될 경우, 가족과 사무장 중심의 병원이 되면서 여기서 많은 문제점들이 파생되곤 한다. 어느 업장보다도 효율적이고 객관적으로 경영 관리가 되어야 하는 병원임에도 제대로 경영 관리가 되지 않아 병원장이 의도치 않은 매출 누락이나 탈세, 심한 경우 배임이나 제약회사와의 불법 리베이트 등 다양한 문제점이 불거지는 것이다.

법리를 제대로 몰라 실수로 위법이나 탈법을 하는 원장님들, 인사와 행정에 지쳐 진료에 제대로 집중하지 못하는 원장님들도 그간 많이 보았다. 가장 안타까운 원장님들은 전문적인 경영 관리를 하지 못하는 바람에 시간이 많이 지난 뒤에 세무폭탄을 맞는 경우다. 병원은 매출이 높은 업종인 데다 의료법의 까다로운 적용을 받기에 이런 실수는 자칫 돌이킬 수 없는 결과를 맞닥뜨릴 수도 있다.

진료는 원장님, 병원경영은 전문 MSO에게 맡겨라

이처럼 병원 경영은 많은 리스크를 안는 만큼 체계적이고 전문적인 경영은 필수불가결하다. MSO를 전문 외부 업체에 맡겨도 좋고, 프랜차이즈 업체에 등록해 체계적인 관리를 받거나 MSO를 원내에 설립하여 운영해도 좋다. 어느 방법이든 병원의 규모와 사정에 맞게 선택하면 된다. 단, 원내 설립의 경우, 병원 규모가 커야 현실적으로 가능하므로 1~3인의 원장님들로 이루어진 소규모 병원이나 1인 원장님이 꾸려가는 개인 병원이라면 MSO 회사에 컨설팅을 의뢰하여 꾸준한 경영관리를 받는 것이 좋다.

MSO는 한마디로 병원 내부의 모든 시스템들, 그리고 나아가 안정적인 병원 운영을 위한 내부, 외부의 모든 기반을 잡아주는 행위라고 생각하면 된다. 다만 이때 홍보 및 바이럴 회사를 MSO 회사로 착각해서는 안 된다(이 부분에 대해서는 다음 글에서 구체적으로 다룰 것이다).

하루에도 수백 개 병원이 개원하고 수백 개 병원이 폐원하는 병원 홍수 시대. 경영과 관리에서 혁신을 꾀하지 않는 병원은 경영에서 뒤쳐질 수밖에 없다. 그런데 그 일은 병원장이나 관리 직원, 사무장이나 행정 실장이 할 수 있는 영역이 아니다. 의사가 진료에 매진하면 고객이 늘어날 수밖에 없다. 이제 진료는 원장님, 병원 경영은 전문 MSO가 맡는다면 병원의 꾸준한 매출 성장은 물론이고 환자의 만족도도 함께 높아질 것이다.

MSO 도입,
무엇이 좋은가

우리 병원, MSO가 필요할까?

내가 MSO 컨설팅을 하면서 만난 병원 관계자들로부터 자주 듣던 질문이 "우리 병원에 과연 MSO가 필요한가요?"라는 것이었다. MSO가 무엇인지 개념도 들었고, 경영 관리를 해준다니 편할 것 같기는 한데, 과연 '현실적으로' 병원에 당장 도움이 되는지 선뜻 결정하기 힘들다는 것이다.

나는 이런 질문에는 간단명료하고 매우 확신에 차서 이런 답을 드리곤 했다.

"예! 모든 병원이 필요합니다. 그리고 반드시 큰 도움이 됩니다."

MSO의 도입은 병원의 규모에 관계없이 최대한 빠르게 착수

할수록 좋다. 앞에서 말한 대로 병원 규모가 크다면 가급적 원내에 MSO 조직을 두는 것이 좋고, 아니면 외부 컨설팅 업체에 의뢰하면 된다.

그 이유는 원내 개원을 하는 첫 순간부터, 아니 개원 준비를 하는 시점부터 세무, 인사, 행정을 비롯한 모든 것들이 '출발선'에서 시작하기 때문이다. 게다가 개원과 동시에 병원의 브랜드도 시작된다. 따라서 첫 단추를 제대로 끼우지 않으면 나중에 바로잡기가 매우 어려워진다.

뒤늦은 후회, 그러나 세금 폭탄을 되돌릴 순 없었다

내가 컨설팅을 하던 한 병원은 병원장님이 세금 때문에 고민이 많았다. 개원한 지 몇 년이 지난 병원이었고, 환자도 많아 매출이 꽤 높았다. 컨설팅을 의뢰받고 재무제표와 계정원장 등 관련 자료들을 살펴봤는데, 세무 관리가 너무 엉망으로 되어 있었다. 돈이 나가고 들어오는 루트가 엉망일 뿐 아니라 기본적으로 체크되어야 할 세금계산서부터 현금영수증 발행, 현금매출 등 관리가 전혀 되고 있지 않았다. 원장님께 왜 이렇게 되었느냐 물었더니, 원장님은 그저 매출에만 신경을 쓰느라 다른 것은 하지도 못했고, 또 할 줄도 몰랐다고 했다.

나는 문제가 불거진 그 시점부터 거의 1년 동안 담당 세무사를 쪼아가며 정말 힘들게 재무제표를 다시 만들어야 했다. 그리고 동시에 돈이 나가고 들어오는 모든 방식과 루트를 재정립하는 기간을 거쳤다. 그러나 아무리 정리하고 세무사와 재무제표를 재정립해도 지난 일들은 바로잡을 수 있는 부분과 없는 부분으로 나뉘었다. 결과적으로 도저히 손을 댈 수 없을 정도로 수정이 불가능한 부분은 안타깝지만 덮고 지나갈 수밖에 없었다. 결국 이 부분에서 병원은 막대한 세금을 물 수밖에 없게 되었다.

MSO, 이래서 좋다

병원은 개원하자마자 초기부터 임대료부터 주사제, 장비회사 등등 너무 다양한 업체들과 거래를 바로 시작하게 되는 업종이다. 이 모든 것을 처음부터 제대로 잡아두지 않으면, 그 이후에 바로잡기가 너무 어렵고 힘이 든다. 따라서, 다시 한번 강조하지만, 처음부터 담당 세무사와 그리고 담당자가 관리를 명확히 해주는 것이 너무 중요하다.

그래도 요즈음에는 과거에 비해 병원관리 경영업체인 MSO의 개념을 알고 일찍이 도입하거나 관련 팀들을 잘 구축하는 원장님들이 많아졌다. 그러나 비율로 따지자면 여전히 MSO를 알고 준비하는 원장님보다는 옛날 방식으로 '개원만 하면 되겠지' 하는 마음으로 개원하는 비율이 훨씬 높은 게 사실이다. 가족 또는 혼자 개원을 준비할 경우에는, 개원 시기를 맞추는 데에만 급급해 병원의 콘셉트와 이미지, 브랜딩 등을 총괄적으로 준비하지 못하고 개원일을 맞이하게 된다. '개원하고 나서 하지' 하는 마음을 먹기도 하지만, 실제 개원 이후에는 진료에 정신이 없고 시간에 쫓기다 보니 처음 세팅해 놓았던 체계적이지 못한 방식 그대로 병원 경영을 이어가는 경우가 대부분이다.

이런 경우 병원 곳곳에서 새는 돈들이 적지 않게 발생할 뿐만 아니라 주사제 관리나 여러 행정적인 관리를 제대로 하지 못해 추후 받게 될지 모르는 세무조사나 보건소 조사에 제때 대비하지 못하는 경우가 생긴다. 실제로 나는 이런 위기에 처해 고생하는 병원을 여럿 보았다.

MSO는 병원 운영과 관리, 경영에서 맞닥뜨릴 수 있는 모든 리스크를 대비할 수 있게 해준다. 잘못된 방식이 쌓이기 전에, 뭐든 돌이킬 수 있을 때에 올바른 방식을 만들어두는 것은 매우 중요하다. MSO 회사 또는 전문가는 원장님을 대신해 모든 리스크를 점검하고 관리해줄 수 있다.

MSO 회사와 홍보, 바이럴 회사를 구별하라

요즘에는 홍보, 바이럴 회사들이 MSO 회사인 것처럼 영업하는 경우가 많다. 실제 내 주변의 원장님들이 MSO 회사의 소개책자라며 내게 보여준 자료에서도 이 같은 현상을 많이 확인할 수 있었다. 이들이 MSO 컨설팅을 해준다며 소개한 책자를 살펴보면, 정작 병원경영관리에 관한 내용은 얼마 없음을 알 수 있다. MSO

회사라고 소개하고는 있지만 정작 그 내용은 홍보회사에 그치는 것이다. MSO 병원경영회사라고 소개하는 이들의 홈페이지를 들여다보면, 전체적인 병원 경영과 관리에 관한 노하우보다는 SNS 홍보, 마케팅하는 방법밖에 올라와 있지 않다. 허울만 MSO 병원경영을 내세우고, 정작 홍보 및 바이럴 회사의 영업을 하고 있는 것이다.

그러나 MSO는 홍보와는 전혀 다르고, 단순히 매출증대를 위한 전략적인 마케팅과는 더더욱 다르다. 원장님들 중에는 홍보와 마케팅도 동일하게 생각하는 분들이 있는데, 이 둘도 엄밀하게 구별해야 한다. 마케팅 내 요소, 수단 중 하나가 홍보인 것이고 병원이 잘 돌아가게 하는 모든 활동을 마케팅으로 보아야 한다. 그리고 이 마케팅의 영역 역시 MSO의 중요한 세팅 포인트 중 하나로 생각해야 한다. MSO의 영역은 전방위적이다. 홍보나 마케팅은 이 전방위적인 영역의 일부에 불과하다.

좋은 MSO 회사를 만나면 병원경영관리 또는 병원경영지원에서 매우 큰 도움을 받을 수 있다. 어쩌면 몇 년 뒤에는 '진료는 의사에게 약은 약사에게'에 더해, '경영관리는 MSO에게'라는 문구가 사람들 머릿속에 자연스럽게 새겨질지 모른다.

병원의 콘셉트라는 큰 밑그림을 그리고 나서 세부적인 것들을 채워 나가면 많은 시간과 비용을 절약할 수 있다. 아무리 좋은 프로그램과 의료기술이 있어도 그에 맞는 인테리어나 서비스 등이 갖춰져야 고객은 그만한 금액을 지불하고 신뢰하기 때문에 일관적인 브랜드의 콘셉트는 중요한 부분이고 쉽게 변경할 사안이 아니므로 신중히 고민하고 결정해야 한다.

Chapter.2

개원 전 체크해야 할 MSO 전략 5

병원 입지 선정은 이렇게 하라

개원의 첫 단추, 입지

첫 개원 준비를 시작한 원장님들에게 자동적으로 정해져 있는 것은 진료과목 단 하나에 불과하다. 성공적인 개원을 향해 진료와 관련된 업무 이외에 생각도 하지 못했던 많은 부분을 고민하고 결정하게 되는 여정이 시작된다. 그 가운데 가장 먼저, 그리고 가장 중요하게 고려되어야 할 요소는 '어느 곳에 병원을 개원할 것인가?'이다. 입지는 모든 사업에서 가장 기반이 되는 조건이자 중요한 성공 요인이기 때문이다.

그러나 입지를 선정하기 전에 반드시 체크하고 알아야 할 것들이 있다. 이를 먼저 결정하고 나면 어느 기준으로 골라야 하는지, 어떤 시각으로 부동산 물건들을 보아야 하는지 윤곽이 잡힌다.

그리고 이 윤곽은 개원의 첫 단추를 훨씬 유리하게 낄 수 있게 도와준다.

무조건 대로변? '진료과'에 따라 다르다

병원 개원을 준비하는 원장님들은 대부분 병원이 대로변에 위치해 있어야 좋을 것이라고 생각한다. 막연히, 대로변에 있으면 환자 고객들이 많을 것이라 예상하는 것이다.

하지만 이것은 반은 맞고 반은 틀린 이야기다. '어떤' 진료 과목이냐에 따라 정답이 될 수도, 오답이 될 수도 있기 때문이다. 대로변에 위치한다고 무조건 잘되지도 않고, 이면에 있다고 무조건 환자가 없는 것도 아니다. 특히 임대료가 높은 강남 근방에서는 대로변에 크고 멋지게 개원했다가 금세 문 닫고 없어지거나, 병원명이 어느새 바뀌어 있는 병원들을 자주 볼 수 있다.

병원의 위치가 대로변이거나 그 이면이어도 상관없이 잘 되는 병원이 있다. 앞에 말했듯이 어떤 진료 과목이냐에 따라, 어떤 타깃층이냐에 따라 달라진다.

예를 들어 소아과나 내과, 정형외과 같은 경우는 대로변에 위치해 있는 것이 유리하다. 소아과는 아이를 데리고 오는 보호자들이 접근하기 쉽고 또 평소에 눈에 잘 띄는 곳에 위치해야 병원을 인지하고 있다가 내원할 수 있기 때문이고, 내과와 정형외과 등도 아플 때 급하게 찾는 병원이므로 대로변에 있는 것이 이면도로보다 경쟁력을 확보하기 쉬운 까닭이다.

반면 피부과나 성형외과 같은 미용, 관리 위주 과목의 병원이라면 굳이 대로변을 고집하지 않아도 된다. 이런 병원은 갑자기 아파서 내원하는 곳이 아니라 크게 맘먹고 시술을 받으러, 즉 '계획을 짜서' 찾아오는 곳이기 때문이다. 피부과, 성형외과의 경우에는 인터넷 검색과 후기를 찾고 주변인의 소개를 받거나 알음알음으로 오는 병원이므로 이면도로에 있더라도 큰 영향이 없다.

병원의 콘셉트와 타깃층이 입지를 좌우한다

그다음 입지를 선정할 때 염두에 두어야 할 요소는 병원의 콘셉트이다. 입지를 정하기 위해서는 병원의 콘셉트를 어떻게 가져갈지를 먼저 정하는 일이 우선되어야 한다. 그렇다면 병원의 콘셉트는 어떻게 정할까?

콘셉트 설정을 위해서는 위해서는 진료 방식, 타깃 고객층 등 여러 요건을 고려해야 한다. 또 콘셉트가 정해지면 원장님의 진료 방향이 정해진다는 의미이므로 전반적인 병원 운영의 가장 기본이 되는 틀도 정해진다고 볼 수 있다. 한마디로, 입지 선정과 콘셉트, 진료 방식이 모두 유기적으로 연결되어 있다는 뜻이다.

예를 들면, 피부과와 성형외과의 경우 20~30대 젊은 여성을 주요 타깃층으로 잡았다면 짧은 기간, 소액으로 시술을 하는 프로그램 위주로 짜고, 그보다 좀 더 경제력이 있는 40~50대의 여성을 주 타깃층으로 잡았다면 긴 주기로 시술되는 고가의 피부 관리 프로그램을 위주로 짜는 것이다. 더불어 병원 콘셉트와 주요 타깃층이 정해지면 이에 따라 인테리어, 프로그램, 직원 응대 방식, 마케팅 방식 등 전반적인 것이 이에 맞게 진행된다.

이렇게 병원의 콘셉트라는 큰 밑그림을 그리고 나서 세부적인 것들을 채워 나가면 많은 시간과 비용을 절약할 수 있다. 아무리 좋은 프로그램과 의료기술이 있어도 그에 맞는 인테리어나 서비스 등이 갖춰져야 고객은 그만한 금액을 지불하고 신뢰하기 때문에 일관적인 브랜드의 콘셉트는 중요한 부분이고 쉽게 변경할 사안이 아니니 신중히 고민하고 결정해야 한다.

교통수단을 고려한다

콘셉트와 타깃이 정해졌다면, 이제는 교통수단을 고려할 차례다. 앞에서 이야기했듯 콘셉트와 타깃층을 제대로 선정했다면, 그 이후의 선택들은 조금이나마 수월해질 수 있다. 콘셉트를 정하고 타깃을 정했다면 그다음은 고객이 올 수 있는 수단을 생각해야 한다. 내가 정한 콘셉트에 맞는 고객층이 편히 방문할 수 있는 조건의 입지를 선정하는 것이 최우선이 되어야 한다.

만약 고급화 전략의 병원을 생각한다면, 고객층은 거의 자차로 방문할 확률이 높으므로 주차장이 충분히 확보된 건물을 골라야 한다. 만약 위치가 좋고 건물 상태도 다 마음에 드는데 딱 하나,

주차 공간이 부족하다면, 이를 보완할 수 있는 근처에 이용 가능한 유료 주차장을 알아봐 주차권 계약을 맺을 수도 있다. 여기서 한 발 더 나아가, 발렛 서비스까지 염두에 두고 고려해도 좋다.

자차로 방문하는 고객에 대한 주차 서비스를 체크했다면 그다음은 워크인 고객에 대한 고려가 필요하다. 병원은 무엇보다 '우리' 병원과 맞는 고객이 우선적으로 편하게, 많이 찾아오게 하는 것이 제일 중요한데, 이를 위해 가장 최우선으로 고려해야 할 것은 대중교통의 접근성이다. 지하철역이 가까운 역세권이 가장 좋을 것이고, 그다음은 버스 정거장이 될 것이다. 지하철역도 1개 노선이냐 2개 노선이냐에 따라서 접근성이 달라질 수 있다.

요즘은 1개 노선을 가지고서는 역세권이라고 하기 힘들 정도로 지하철역 두세 개를 근처에 둔 병원이 많다. 젊은 고객들을 주 타깃층으로 삼는다면 더블 역세권, 더 나아가 트리플 역세권 지역까지 꼼꼼하게 살피기 바란다.

이때도 역시 콘셉트를 확실히 정했다면 위치를 선정하는 데 큰 고민을 하지 않아도 된다. 마케팅으로 이미 확보해 둔 고객층이 있거나, 입소문만으로도 고객들이 스스로 품을 들여 찾아올 병원(주로 피부과, 성형외과 등이 해당한다)이라면 대로변 조건을 1순위로 보기보다는 주차가 편한 것을 선택하는 것이 낫고, 불특정 다수의 고객층이 급할 때 지나가다 눈에 띄어 들어오거나 또는 기억에 의존해 재방문해야 하는 병원(주로 정형외과, 외과 그리고 내과가 이에 해당한다)이라면 대로변 건물을 우선순위로 두고 건물 전면 홍보에 신경 써야 한다.

발품은 국룰! 부동산과 친해지자

병원 위치를 정하기 위해서는 첫째도 발품, 둘째도 발품이다. 많이 볼수록 좋은 물건을 구할 수 있다. 나는 원장님들께 최대한 여러 부동산과 많은 매물을 보는 것을 추천한다. 많은 건물을 돌아보는 것이 번거롭고 시간을 많이 할애해야 하지만, 부동산 매물은 발품을 많이 팔수록 좋은 입지를 찾을 확률이 높다.

몇 년 전 병원 건물을 옮기기로 계획한 때에 4개 부동산과 한 달 이상을 매일같이 매물을 돌아보고 부동산 전용 프로그램을 종일 들여다보았다. 그 결과 많이 볼수록 많은 장단점이 눈에 띄는 것을 알 수 있었다. 물론 부동산 전용 프로그램은 부동산 전문업자들이 사용하는 것이라 그 프로그램에 접근하려면 그들과 관계 형성이 어느 정도 이루어지고 친해져야 가능하다. 부동산 업자들도 일반적인 고객에까지 그 프로그램을 오픈하지는 않기 때문이다.

나는 부동산에 여러 번 찾아가 눈도장을 찍어가며 친밀감을 형성했다. 그래서 그들 옆에 같이 앉아서 프로그램을 같이 돌려보면서 긴밀하게 상의도 하고 의견을 주고받을 수 있었다. 이후에는 부동산 전용 아이디와 비밀번호까지 전해 받아 나 혼자서도 시간이 날 때마다 살펴볼 수 있게 되었다. 부동산 전용 프로그램을 볼 때의 관건은 방대한 매물 가운데 유의미한 물건을 어떻게 골라내느냐이다. 여기엔 특별한 비법이 없다. 다양한 물건, 유사한 물건을 많이 보고 서로 비교하면서 안목을 키워야 한다. 그 다음으로는, 사진만 보고 판단하지 말고 최대한 발품을 팔며 직접 돌아다니는 일이 중요하다.

< 입지 선정 시 필요한 체크리스트 >

1. 매물을 보기 전 나만의 기준을 확실히 정해둔다.

부동산을 보러 다니다 보면, 이곳은 이런 점이 마음에 들어서 좋고 저곳은 저런 점이 마음에 들어서 좋은 경우가 많다. 어느 입지도 100% 다 좋은 곳은 없다. 장단점이 섞여 있기 마련이다. 이럴 때 나만의 부동산을 보는 기준이 정해져 있지 않다면 많고 많은 매물 중 어떤 매물부터 골라 봐야 할지 감이 오지 않고, 너무나 방대한 매물들에 시작조차 하기 어려울 때가 많다. 이때는 '비용'의 기준선을 정해두는 게 좋다. 보증금과 월세의 기준을 명확히 정하고 그에 맞춰 가능한 매물을 검색하는 것이 시간도 단축되고 매우 효율적인 방법이 된다.

2. 기존 인테리어 및 병원 임차 조건을 최대한 활용할 수 있는지 체크한다.

병원 입지는 매물에 따라서 기존 임차인이 사용하던 인테리어를 그대로 활용할 수 있는 곳이 있다. 이 부분을 눈여겨보는 게 좋다. 더불어 해당 부동산에서 줄 수 있는 혜택이 얼마나 되는지도 업자와 꼼꼼히 상의해본다. 예를 들어, 건물주에 따라서는 스타벅스와 같은 유명 프렌차이즈 업종이나 병원과 같은 키테넌트(key-tenant), 즉 우량임차인에게 렌트 프리(rent-free: 상권 활성화를 위해 일정 기간 동안 무상으로 임대하는 일)나 핏아웃(fit-out: 인테리어 공사 기간 동안 임대료를 부과하지 않는 것), 티아이(TI, Tenant Imprevement: 임대인이 임차인에게 인테리어 비용 중 일부를 지원해주는 것) 등의 혜택을 제공하기도 하므로 이를 반드시 체크한다. 이때는 부동산 업자에게 활용 가능한 혜택을 먼저 제시한 후에 매물을 보면 시간과 금액을 훨씬 많이 절약할 수 있다, 또한 무조건 원상복구를 한 공간에서 내 입맛대로 모든 인테리어를 다시 하면서 개원할 것인지, 아니면 어느 정도 활용 가능한 인테리어가 되어있는 곳으로 들어갈지도 먼저 생각해놓는 것이 좋다.

3. 물건지를 방문할 때는 5~6곳으로 추린 뒤 부동산 업자와 함께 방문한다.

앞의 기준대로 분류한 매물을 사진으로 확인해보고 최소 5~6곳을 선정했다면 실제 방문해서 실물을 확인해보는 것이 필요한데, 이때는 반드시 부동산 업자와 동행하는 것이 중요하다. 우리가 살 집을 알아보는 것과 마찬가지라고 생각하면 된다. 개원을 하게 되면 집 이외에 내가 제일 오래 머물 곳이 아닌가.

부동산 업자들의 사진 기술은 물건지를 실제보다 훨씬 넓어 보이게 하고 실제보다 훨씬 새 건물로 보이게 한다. 그리고 직접 가서 살펴봐야만 확인할 수 있는 것들이 한두 가지가 아니다. 건물의 외관에서부터 주변 환경, 더 나아가 아침과 오후의 풍경, 요일별 주차 상황 여부 및 발렛이 있을 경우 발렛 서비스의 친절도 여부, 건물 관리인의 인상과 태도 등 손수 체크해야 실감할 수 있는 것들이 태반이다. 이들을 전반적으로 살펴본 뒤 최종적으로 마음에 드는 2~3군데를 추렸다면, 이때는 업자 없이 나 혼자 여러 시간대, 다양한 요일을 선택해 추가로 방문해본다(건물 확인 시 필요한 체크리스트는 다음 글에서 더 구체적으로 다루었다).

4. 부동산 업자에게 끌려다니지 않는다.

앞에 언급했듯이 내가 실제 가보고 또 무언가 부족하다는 생각이 든다면 업자를 닦달해서라도 더 돌아보자. 매물을 충분히 보는 데 드는 시간은 결코 아깝지 않다. 아무리 장시간, 반복해서 봐도 전혀 무리가 아니라는 이야기다. 부동산 업자들의 입장에서야 클라이언트가 얼른 의사결정을 하고 계약을 진행하는 것이 유리하고 또 시간을 아끼는 일일 테지만 그들과 나는 엄연히 입장이 반대라는 사실을 명심해야 한다.

내가 운영 관리하던 병원의 이사 자리를 알아보러 다닐 때, 부동산 사장님은 내게 이렇게 많이 돌아보는 고객은 없었다고 혀를 내두를 정도였다. 그들이 볼멘소리를 해도 미소로 그냥 받아 넘겨야 한다. 무조건 충분히 돌아보고 결정하는 것이 나에게 유리하고 후회할 일도 적다. 게다가 병원은 한번 개원하면 이동할 확률이 굉장히 낮기 때문에 우리 병원이 오래 자리 잡을 중요한 공간을 선정해야 한다는 사실을 잊지 말아야 한다. 거듭 강조하지만, 병원은 우량임차인에 속하기 때문에 부동산 입장에서도 건물주에게 매우 연계하고 싶은 업종 중 하나이다. 그러니 아무리 꼼꼼히 따지면서 건물을 많이 돌아봐도 눈치 보지 않아도 된다.

임대 계약 시 놓치지 말아야 할 7가지 항목

병원 개원이 가능한 곳인지를 반드시 체크하자

병원을 개원할 때 원장님들이 가장 먼저 체결하는 서류는 아마 '임대차 계약서'가 될 것이다. 입지를 선정하고 마음에 드는 자리가 나오면 중개인을 통해 임대차계약을 하게 되는데, 병원 임대차계약이라 해서 다른 임대차계약들과 법률상 차이점이 있는 것은 아니다. 하지만 사전에 꼼꼼히 체크해서 짚고 가면 이후에 시간과 금액을 절약하는 데 많은 도움이 되므로 미리 체크하고 가는 게 좋다.

가장 먼저 확인할 것은 내가 계약하려 하는 입지의 용도가 병원 개원이 가능한 입지인지 확인하는 것이다. 어떻게 보면 가장 중요한 사항인데, 의외로 이 부분을 생각도 못 하다가 나중에 개원도 못 하고 다시 병원 자리를 알아보면서 고생하는 원장님들의 사례도 적지 않다. 따라서 처음부터 부동산 중개인에게 '병원 개원을 곧바로 할 수 있도록 용도 허가를 받아놓은 곳'으로 보여 달라고 꼭 집어 요청해야 한다.

간혹 건물주가 '계약을 진행하고 나서 차후에 용도변경 허가를 얼른 받아주겠다'라면서 계약부터 서둘러 진행하는 경우도 있는데, 건물 용도변경은 시간도 오래 걸릴 뿐 아니라 쉽게 되지 않기 때문에 이런 입지는 애초에 피하는 것이 좋다. 계약을 모두 진행하고 그곳에 맞게 인테리어 등을 모두 진행하고 있는데 건물주가 용도변경이 어렵게 되었다고 한다면? 시간과 자금 낭비뿐 아니라 모든 개원 일정이 틀어지게 된다.

가장 이상적인 자리는 병원이 있던 자리다

처음 개원하는 원장님의 경우 병원이 별도의 용도변경을 받아야 한다는 사실 자체를 모르는 사람도 많다. 그리고 병원은 법적 제약에 맞춰 여러 시설을 갖춰야 하는데, 만약 수술실이 있는 병원이라면 공조 시설(공기조절 시설), 즉 수술실 내의 균에 의한 감염을 최소화하기 위한 공기청정도 유지 등을 위해 수술실 내부가 일정한 양압을 유지해야 한다. 또 방사능 검사실은 납벽, 납문을 설치해야 하고 방염 벽지를 사용해야 한다.

이는 모든 병원에 해당하는 기본적인 조건이며, 이 내용들 이

외에 진료과목과 병원의 규모에 따라 법적 제약이 달라지므로 사전에 철저히 알아보고 개원하는 일이 필수다. 이런 디테일한 부분을 체크하지 못해서, 개원 이후 시정명령을 받고 사후 처리를 하느라 고생하는 원장님들을 나는 많이 보았다. 그래서 나는 확실히 체크해야 하는 부분에 대해서는 보건복지부에 직접 확인해보기도 한다.

이러한 모든 설비를 법적으로 문제없이 갖추고 나면, 보건소에 최종 설계도면을 제출해야 '의원' 또는 '병원'으로 허가를 받을 수 있다. 따라서 새로 지은 신축건물에 병원을 첫 개원할 경우에는 법적 기준에 맞는 설비를 갖추기 위해 별도의 비용이 들어갈 수밖에 없다. 내 건물도 아닌, 임대로 들어가는 공간에 같은 비용을 최소한으로 줄이기 위해서는 앞서 이야기했듯 이러한 부분들을 미리 체크하는 것이 좋다. 많은 원장님들이 이 부분은 미리 생각하지 못하고 있다가 추후 인테리어 시에 또는 새로운 장비를 들이게 될 때 다시 큰돈을 들여 재공사를 하는 경우가 많다. 이는 고스란히 비용 손실로 이어진다. 따라서 계약서를 쓸 때에는 공간에 대한 내용뿐 아니라 그 이외의 것들을 미리 체크하고 필요 시에는 계약서에 특약 사항으로 명확히 기입하는 것이 중요하다.

이런 비용 상승을 피하고 또 용도변경 불가로 인한 피해를 줄이기 위해 가장 안전하게 선택할 수 있는 입지는 바로 직전까지 병원을 운영했던 곳이다. 그래서 병원 개원 컨설팅을 할 때 나 역시 가능하면 병원이 있었던 곳을 중심으로 입지를 찾아보라고 조언한다.

건물주의 성향을 파악하자

마음에 드는 자리를 찾아 임대차 계약을 할 때까지 임대인은 건물주와 관리인을 자주 만나게 될 텐데, 이때 건물 상태와 관리에 대한 제반 문제를 물어보고 체크하는 과정에서 건물주와 관리인의 성향을 미리 파악해두는 것이 좋다. 임대 기간 동안 생각보다 임대인, 관리인의 동의를 구하고 진행해야 할 일들이 많이 생기게 된다. 이런 경우에 얼마나 협조적일지 질문을 하면서 성향을 미리 파악해두면 크게 골치 썩을 일을 사전에 방지하거나 예방할 수 있을 것이다.

건물주의 경우 대부분 관리인을 따로 두고, 그 경우 관리인에게 거의 건물의 모든 부분을 일임한다. 관리인이 처음부터 지나치게 깐깐하거나 특약 사항 등에 대해 조금의 융통성도 없는 경우에는 임대 기간 내내 생길 여러 요청 사항에도 똑같이 응대할 가능성이 높다.

이런 곳은 거르자

병원 개원을 위한 부동산 매물을 돌아볼 때는 크게 두 가지 상태의 매물이 주가 된다. 하나는 임대인이 빠져나가 공실인 상태로 원상복구(임대하는 초기의 상태로 복구시켜 놓은 상태)가 되어있는 입지이고, 다른 하나는 현재 다른 임대인이 운영 중이라 공간이 인테리어 상태 그대로 꽉 차 있거나, 이전 임차인이 원상복구 없이 인테리어만 남겨두고 나간 상태의 매물이다.

후자의 경우 건물의 상태를 좀 더 꼼꼼히 봐야 한다. 인테리어 등으로 가려져 있다가 전 임대인이 빠져나간 이후에 뒤늦게 눈에 띄는 하자와 단점 등이 보일 수 있기 때문이다.

특히 신축건물보다 오래된 건물의 경우에는 좀 더 꼼꼼히 봐야 하는 것들이 훨씬 많다. 대표적으로 히터 박스라든지 화장실 냉난방기 등의 건물의 기본적인 제반시설을 살펴보는 것이 좋다. 예를 들면, 히터 박스가 남아 있는 건물은 중앙난방 시스템을 유지하는 경우가 대부분이다. 그 경우 중앙난방은 대부분 6시 반쯤, 퇴근시간이 되면 끊기는 경우가 대부분이고 섬세히 조절이 어렵기 때문에, 건물 중앙난방 시스템만 두는 것이 아닌 냉/난방시설을 따로 갖추는 것이 병원에서는 필요할 것이다. 어차피 냉/난방 시설도 해야 하는데 자리만 차지하는 중앙난방 히터박스를 철거하려 해도, 건물주 측에서 승인받기 어려운 경우가 대부분이고, 막상 철거하려면 비용도 적지 않게 들여야 한다.

게다가 히터 박스가 한 층 벽면을 모두 차지하기 때문에 낭비되는 공간이 너무 커서 공간 활용에 제약도 많이 받는다. 내가 컨설팅한 한 병원의 경우, 층마다 벽면이 모두 히터 박스로 이루어져 있어 인테리어를 할 때 매우 비효율적이었던 기억이 있다. 히터 박스를 사용한 중앙난방 시설이 있어도 앞서 말했듯, 어차피 각 공간마다 개별냉난방 설비는 다 해야 하기 때문에 나는 건물을 선택할 때에 가능한 히터 박스가 없는 신식의 건물을 추천한다. 그러나 어쩔 수 없이 구축 건물을 선택할 경우에는 위에 소개한 단점들을 모두 감안해서 신중하게 결정해야 한다.

오래된 건물은 또한 노후된 시설로 인해 누수 문제도 종종 발생한다. 위에 언급한 히터 박스로 인해 각층 천장에 물이 새는 경우도 다수 있었다. 이런 경우 나는 관리실에 알리고 건물주 측에서 처리할 수 있도록 했다. 이러한 문제는 없는지 미리 알아보려면 히터 박스 내부를 보여달라 해서 누수 흔적을 확인하는 것도 좋다. 또 직접 보고 판단할 자신이 없다면 관리인에게 사전에 과거에 누수는 없었는지, 만약 히터박스 같은 건물 자체 시설로 인한 사고 시엔 건물주 측에서 보상해줄 것인지 확실히 짚고 가는 것이 좋다. 후추 건물 제반 시설의 문제가 발생하면, 병원에서 자체적으로 비용을 들여 해결하기보다는 건물주 측에 꼭 이야기해 지원을 받는 것이 좋다.

지금은 보이지 않는 문제도 체크는 필수

요즘은 세금 처리나 공간 전대를 위해 병원 내부에 카페를 운영하는 경우도 많다. 내가 컨설팅한 병원 역시 원내에 카페를 운영했었고, 매주 셰프를 초청해 환자들과 쿠킹클래스 행사를 진행하곤 했다. 이에 필요한 설비들을 세팅하면서 생각지도 못한 일이 있었다. 바로 건물의 전력이 부족해 카페 운영에 필요한 여러 설비를 설치하지 못한다는 것이었다. 건물의 전력량에 대해 처음 알게 된 순간이었다.

내가 컨설팅부터 경영, 운영을 맡아왔던 병원의 경우 다행히도 입주 시에 카페 공간을 세팅하면서 이런 부분들을 알게 되었고 건물주에게 바로 부탁해서 병원의 금액 부담 없이 전력량을 늘릴 수 있었다. 만약 입주한 뒤에 이런 경우가 생긴다면 건물주 쪽에서 해당 공사비를 요구할 수 있고, 전력 증설 공사는 그냥 하게 되면 굵은 전선 라인들이 겉으로 보이게 될 가능성이 크기 때문에 인테리어 비용까지 들이면서 공사를 해야 한다.

개원할 병원 안에 카페 등 또 다른 설비를 요하는 업장을 할 생각이라면 미리 건물의 전력량을 체크해보기 바란다. 앞서 이야기했듯이 이러한 상황들을 사전에 준비할 수 있는 방법은 병원의 큰 그림, 전반적인 콘셉트를 미리 잡는 것이다. 큰 것들을 정해 두면 작은 것들을 선택하기가 수월해지고, 시간과 예산도 절약할 수 있게 된다.

이런 것은 특약 사항에 추가하자

어떤 건물이든 부동산이나 건물주는 임차인을 빠르게 구해서 공실률을 낮추고 싶어 한다. 내가 본 입지가 정말 괜찮은 곳이라고 확신한다면? 이제 매달 제일 큰 고정지출이 될 임대료 부분을 미리 절약하고 가야 한다. 부동산에서는 바로 계약하면 어느 정도 좀 더 저렴하게 건물주와 상의해보겠다며 안 그래도 개원 준비에 바쁜 원장님들을 좀 더 성급하게 만들겠지만, 같이 조급해질 필요는 없으니 마지막까지 신중하게 따져봐야 한다(〈입지 선정 시 필요한 체크리스트〉 중 건물주로부터 받을 수 있는 혜택인 렌트프리, 핏아웃, 티아이 등 참조).

만약 여건이 된다면 최종 결정된 임대료의 1년 치 혹은 2년 치의 금액을 한 번에 선불 지급하는 조건으로 임대료를 할인해 달라고 하는 것도 좋은 '딜'이 될 수 있다. 이는 매년 건물주가 법적으로 합당하게 임대료를 올릴 가능성을 사전에 피해가는 한 가지 방안이 될 수 있다. 다만 이 경우에는 경리회계팀에서 세무적으로 필요한 시기에 맞춰 세금계산서 발행 시기를 잘 챙기는 것이 좋다.

많지는 않지만, 인테리어 기간 한 달 정도 임대료를 무료로 지원해주거나 인테리어 비용을 지원해주는 곳들도 있다. 시간적인 여유가 있다면 여러 부동산에 문의해서 이런 조건이 있는 건물부터 돌아보는 것도 좋은 방법이다.

또한 신축급이 아닌 건물에서는 막상 인테리어를 진행하다 보면 건물 자체 시설상의 이슈로 공사 일정이 길어지는 상황이 충분히 발생할 수 있다. 사전에 건물 시설을 꼼꼼히 돌아보고, 건물 상태로 인해 인테리어 기간이 길어질 것 같다면 이를 사전에 분명히 제시한 다음, 그에 합당한 기간을 지원받아야 한다.

만약 현재 타업종을 임대하다가 병원을 임대받고 싶은 건물의 경우에는 특히 많은 부분을 체크하고 최대한 지원받아야 한다. 예를 들면, 수술실이 있는 진료과목의 경우 무거운 무영등과 앞서 이야기했던 공조시설도 설치해야 하기에 천장 상태 및 현재 공조시설이 어떤지, 병동이 있다면 세면대도 설치해야 하기에 병동이 될 자리까지 수도관이 연결될 수 있는지도 미리 체크해야 한다. 가능하다면 인테리어업자 혹은 인테리어를 여러 번 경험해본 사람과 함께 건물을 돌아볼 수 있다면 제일 좋다.

중요한 것은 구두로 협의된 내용들이 계약서 내용에 잘 포함되었는지에 대해 부동산만 믿을 것이 아니라 마지막까지 꼼꼼히 따져보고 도장을 찍어야 한다는 점이다. 2년 전 나는 강남에 200평대 이상의 의원을 확장하고 리모델링하는 일을 진행한 적 있다. 당시 나는 건물이 조금 더 신축급이라면, 아니 좀 더 시간을 거슬러 올라가 처음 건물을 돌아보는 시기라면 앞에 나열한 것 외에도 훨씬 더 많은 부분에서 시간과 예산을 아끼고 인테리어도 수월히 진행할 수 있었겠다는 생각에 아쉬운 마음이 들었다.

체크리스트를 작성해 꼼꼼하게 확인할수록 좋다

병원을 개원하는 원장님이든 확장을 위해 이사 가는 원장님이든 마음은 똑같을 것이다. 좀 더 저렴한 가격에 좋은 공간을 찾는 것. 그러나 병원은 타 업종에 비해 시설 제약이 까다롭고 비용이 많이 들어가므로 임대차 계약 물건을 볼 때에는 발품을 많이 팔고, 꼼꼼히 살펴보는 것이 좋다. 시간에 쫓겨 조급한 마음에 임대차 계약을 서두르다 보면 놓치는 부분이 반드시 생긴다.

나는 별도의 중요 순위 기준들을 적은 체크리스트를 마련해 병원 자리를 알아보러 다닐 때 하나씩 체크한다. 개원 초기 한 번, 이후 두 번째부터는 크게 번거로워지는 일들이 있는데, 병원 위치 변경(이사), 대표번호 변경, 상호 변경 등이다. 처음부터 잘 자리 잡는 것이 제일 중요하고 유리하다. 가능하면 천천히, 신중하게 매물을 고르고 계약서에 서명하기를 강조하고 싶다.

<건물 확인 시 필요한 체크리스트>

1. 건물 자체 청소의 범위를 확인한다.

건물마다 자체의 청소용역이 있는데 층마다 있는 화장실 청소만 해주거나, 층 전체 공간을 건물에서 청소하고 이를 관리비에 포함하는 건물도 있다.

2. 층별 화장실 위치를 체크한다.

화장실을 체크해야 하는 이유는 환자들의 동선에 중요하기 때문이다. 만약 수술실이나 입원실을 만들 예정이라면 공용 화장실 이외의 공간에 화장실을 만들 수 있는지 여부도 체크하는 것이 좋다. 이때 현장에서 바로 확인이 어렵다면 건물 도면을 요청할 때 배수관 도면 등을 함께 요청해서 인테리어업체와 확인해보면 된다.

3. 주차 방식과 주차장 컨디션을 확인한다.

발렛 박스가 있는 건물이라면 비용이 어떻게 되는지 미리 알아보는 것이 좋다. 보통 건물과 발렛은 별개 용역으로 운영되는 경우가 다반사이며, 주차요원들의 친절 정도도 천차만별이다. 따라서 가능하다면 정량적인 체크뿐 아니라 정성적인 체크도 해보는 것이 좋다. 병원에 자주 오는 고객일수록 주기적인 관리를 받는 고객일 확률이 높고, 그러기 때문에 주차가 무엇보다 편해야 한다. 주차하는 데 어려움이 있다면 좋은 고객을 놓치게 될 가능성이 크다. 고객이 선호하는 병원의 조건은 언제 오든 방문하기 편리하고 수월해야 한다. 이때 주차의 편의성은 고객들의 선택 기준과 만족도 면에서 생각보다 큰 부분을 차지한다. 나의 경우, 시간이 날 때마다 건물 발렛 기사님들과 소통하며 우리 병원 내원객들의 친절도에 좀 더 신경을 써주시길 부탁드리곤 했다.

4. 엘리베이터 대기 시간을 체크한다.

엘리베이터가 건물 층수에 비해 수가 적거나 노후되어 너무 오래 걸리는 경우 혹은 다른 층 사무실로 인해 매 시간 지나치게 기다려야 하는 건물들이 있다. 특히 대기 시간이 긴 경우에는 우리 원내 환자들의 컴플레인으로 이어지기에 신중하게 고민해야 할 요소가 된다.

5. 다른 층과 주변 상권의 업종을 체크한다.

많은 병원들이 입점하는 메디컬 빌딩은 크게 문제 될 것이 없지만 다른 업종과 같이 입주해야 하는 다중 빌딩의 경우에는, 주변 업종을 체크하는 게 필수다. 간혹 가까운 층에 골프연습장이나 노래방, 아이들 태권도 학원 등 시끄러운 업종이 입점해 있을 때는 병원과는 맞지 않는 건물이기가 쉽기 때문이다. 내가 아는 한 병원의 경우 바로 위에 피트니스센터가 있어 종종 무거운 기구를 내려놓는 소리를 감당해야 했다. 그리고 다른 층에 네트워크 회사 등 불특성 다수의 사람들이 자주 드나드는 업종이 있는 경우에도 시간대를 막론하고 오고 가는 사람들이 많은 데다가 늘 시끌벅적하고 부산스러울 수 있으므로 환자들의 내원에 큰 방해가 될 수 있다. 잠시 건물을 보러 왔을 때에는 모르겠지만, 막상 개원하고 나면 위 아래층의 업종으로 골치 아플 일들이 분명 생길 수 있다.

인테리어의 시작은 업체 선정이다

어떻게 옥석을 가려낼까

세상에는 인테리어 회사가 너무 많다. 널리고 널린 인테리어 업체 중 어떤 업체를 택해야 할까. 병원 개원 비용에서 큰 비중을 차지하는 TOP 3를 꼽자면 '임대료'와 '장비 구매(리스)', '인테리어'일 것이다. 이 중 병원 장비들은 정해진 시세가 있고 정가가 정해져 있기 때문에 조금만 신경 써서 구매한다면 크게 사기당할 일은 없다. 임대료도 마찬가지로 임대 시장의 법칙을 따르므로 앞서 이야기한 개원 당사자의 합리적인 네고(협상) 요청 외에 크게 바꿀 수 있는 영역이 아니다.

그러나 인테리어는 다르다. 업체들마다 스타일, 견적이 모두 천차만별이고, 처음 인테리어를 진행해보는 원장님이라면 아무리 묻고 따져본들 어떤 업체가 더 나은 것인지 감조차 잡기 힘들다. 나 역시 인테리어 전문가가 아니었기에 크고 작은 인테리어를 직접 진행하고 많은 업체 관계자와 미팅하면서 각 업체들의 특성과 장단점을 구분하는 노하우를 터득할 수 있었다. 누군가 좋은 인테리어 회사를 가려낼 수 있는 노하우를 내게 묻는다면, 직접 부딪치고, 여러 번 반복해서 묻고, 최대한 많은 업체 관계자들과 미팅을 하라고 조언하고 싶다.

끝까지 함께 갈 업체를 고르자

인테리어를 진행할 때 가장 먼저 해야 할 것은 '당연하게도' 업체를 선정하는 일이다. 인테리어는 중간에 업체를 바꿀 수 없다. 아니, 바꿀 순 있지만 그런 일은 되도록 일어나지 않는것이 좋다.

만약 공사 중간에 기존 업체에 문제가 생겨 다른 업체에서 이어받아 진행하게 된다면 여러 부분에서 애로 사항이 생긴다. 가장 큰 문제는 비용 상승이다. 업체가 바뀔 경우 기존 일정에 맞춰 진행하는 일이 최우선순위가 되므로, 후발업체가 부르는 견적대로 비용을 지불할 수밖에 없게 된다. 이뿐 아니라 추후 생기는 AS 부분에서도 선행 업체가 어느 부분까지 책임지고 후발 업체가 어디부터 담당할 것인지도 아주 애매해진다.

결국 비용 상승은 정도의 차이일 뿐 피할 수 없게 되어 손해를 볼 뿐 아니라, 기간도 늘어나 개원에 차질을 빚게 된다. 따라서 업체 선정은 인테리어의 반 이상을 차지한다고 해도 될 만큼 중요하다.

업체를 선정할 때는 비교가 필수다. 업체 비교를 위해서는 적어도 2~3곳 이상의 업체들을 불러서 설명하고 예상 견적을 받아보는 것이 좋은데, 같은 설명을 여러 번 해야 하기에 미리 원하는 인테리어 레퍼런스 사진들이나 주요 사항을 리스트로 작성해서 출력해놓는 것이 좋다. 사전에 잘 준비해서 설명할수록 업체에서도 제대로 된 견적을 줄 수 있고 의뢰인이 꼼꼼하다는 이미지도 줄 수 있기에 첫 미팅을 대충 하지 않길 권한다.

그다음으로는 어떤 업체들을 부를 것인지 기준을 정해야 한다. 이때 기준은 내가 원하는 분위기의 인테리어를 많이 진행해본 업체들 위주로 고르면 좋다. 소위 나와 '코드'가 맞는 업체는 내가 원하는 바를 빠르게 알아차리기에 인테리어를 진행하기에도 편하고 결과도 만족스러울 확률이 높다.

인테리어 업체와 미팅하는 2가지 방법

인테리어 업체 미팅 방법은 조금씩 차이가 있지만 크게 2가지로 나눌 수 있다.

첫 번째는 설계사와 시공사를 따로 선정하는 것이고, 두 번째는 반대로 설계사와 시공사를 한 업체로 선정하는 것이다. 일반적인 인테리어는 두 번째 방식으로 많이 진행하지만, 첫 번째가 더 정석의 방식이라고 할 수 있다. 병원이 큰 규모이거나, 어려운 방식의 인테리어를 진행해야 할 때에는 힘들어도 첫 번째 방식으로 진행하기를 추천한다.

몇 년 전, 한 병원의 개원을 진행하던 때의 일이다. 국내에 없는 장비를 미국에서 들여와 세팅해야 했는데, 장비를 설치하려면 인테리어가 함께 진행되어야 할 만큼 거대한 장비였다. 당시에 비슷한 원리의 장비라도 설치한 경험이 있는 인테리어 업체를 전국에서 수소문해봤지만 찾을 수 없었고, 결국 미국에 해당 장비 전문가를 요청해야 했다. 다행히도 바로 달려와 준 전문가와 함께 미리 선정한 업체와 설계도면을 작성하고 나서 그 설계도면을 바탕으로 업체들을 불러서 비딩 방식(여러 업체로 하여금 입찰에 참여하게 하는 것)으로 각 업체에 일일이 설명하고, 그중 제일 이해도가 좋고 적합해 보이는 업체를 골라 선정한 일이 있다.

첫 번째 방식과 두 번째 방식 중 어느 것이 좋은가를 한마디로 규정하기는 힘들다. 각각의 장단점이 있기 때문이다.

첫 번째 방식은 두 번의 업체 선정을 거쳐야 하고 같은 설명을 여러 번 해야 하기에 시간과 노력이 많이 필요하지만, 미리 나온 설계도면을 바탕으로 어느 정도의 공사방식이 정해지기 때문에 업체들마다 예상 견적이 아닌 거의 제대로 된 견적을 받아볼 수 있다는 장점이 있다.

두 번째 방식으로 진행하게 되면, 업체 선정을 한 번에 끝낼 수 있다는 장점이 있지만, 업체들이 설계도면까지는 주지 않고 견적도 예상으로 대강 올 확률이 높기에 그 이후의 자세한 사항들을 계약서에 미리 잘 포함하는 것이 좋다.

실력 있는 업체를 고르려면 이것을 보자

인테리어를 어떤 방식으로 하든, 실력 있는 업체를 만나는 것은 변함없는 필수 요소일 것이다. 물론 선정 당시의 느낌과 실제 실력과는 다를 수 있다. 하지만 내 경험상 사전 미팅 때 만족감이 높았던 업체가 실제 인테리어를 맡겼을 때도 만족도가 높았다. 미팅 시 받았던 느낌이 결과물로 그대로 나타났던 경험이 많다.

그렇다면 이런 업체를 미리 알아볼 수 있는 방법은 없을까? 실력 있는 업체를 판가름할 수 있는 2가지 기준이 있다.

첫 번째, 예상견적서를 어떻게 작성했는지를 꼼꼼하게 살핀다.

견적서를 받으면 최종 금액도 중요하지만 어떻게 선정된 금액인지 세부 항목들을 꼭 검토해봐야 한다. 같은 인테리어를 의뢰해도 어느 업체의 견적은 20개 항목으로 오는 반면에, 다른 업체에서는 40개의 항목으로 오기도 한다. 두 업체의 차이는 인테리어에 들어가는 자재들을 얼마나 투명하게 세부적으로 알려주는가에 있다(물론 후자의 업체가 터무니없이 많은 항목을 넣어서 금액을 부풀린 것이 아니라는 전제하에 말이다).

두 번째, 미팅에 임하는 업체의 태도를 본다.

인테리어 초보자에게 어렵고 생소한 공사방식이나 자재들에 관해 설명할 때, 쉽게 풀어서 자세히 설명해주는 업체는 많지 않다. 도면과 공사 방식, 사용하게 될 자재 등 초보자(원장님)를 위한 정확하고 디테일한 설명을 해주고 발생되는 금액에 대해 충분히 이해시켜주려 노력하는 업체가 인테리어를 진행할 때에도 더 정직하고 성실한 경우가 많았다.

이런 업체는 피하자

인테리어 업체 선정 시 피해야 할 대표적인 업체는 무조건 저렴한 견적에 다 맞춰주는 업체이다. 이런 업체라면 뒤도 돌아보지 말고 피하는 것이 좋다.

인테리어 업체에서 오면 제일 먼저 받게 되는 질문이 있다. 바로 예산이 어떻게 되느냐는 질문이다. 이 질문은 업체들과 미팅을 하면 열이면 열 모두 동일하게 물어오는 질문이다. 이때는 견적 비용이 올라갈 것을 대비해 정해놓은 예산보다 적게 부르는 것이 좋다. 그리고 정해놓은 예산이 없다면 주변에 내가 개원하려 하는 평수와 비슷하게 오픈한 개원 선배의 조언을 듣는 것이 좋다. 하지만 예산보다 더 중요한 것이 있는데, 바로 내가 원하는 인테리어 수준을 사전에 정확히 전달하는 일이다.

인테리어는 자재의 급이 천차만별이기 때문에 저렴하게 하려면 얼마든지 저렴하게 할 수 있고, 비싸게 하려면 끝없이 비싸게 할 수도 있다. 다만 중요한 것은 내가 지불한 금액대에 맞게 자재가 쓰여지고, 제대로 공사가 되었느냐는 것이다. 무조건 내 예산에 다 맞춰 진행하겠다는 업체는 내가 생각한 퀄리티와는 상관없는 저급한 자재를 쓸 확률이 높고, 본인들도 좋은 공사를 하고자 하는 욕심보다는 공사 기회만 잡고자 하는 업체이다. 따라서 내가 생각하는 퀄리티의 정도와 예산 수준 정도를 정확히 전달하고 괜찮은 자재로 내가 생각하는 수준의 결과물이 나올 수 있는 예산 정도를 업체에서 제대로 전달받는 것이 좋다. 이때에도 자재나 공사방식 등을 자세히 설명해주고 이해시켜주는 업체인지를 다시 한번 확인해볼 수 있다.

인테리어 계약 시 주의할 점

간혹 인테리어 계약 시에 계약서를 생략하거나 제대로 작성하지 않는 업체들이 있다. 물론 작은 공사일수록 그렇게 하는 업체들이 많은데, 규모에 상관없이 인테리어 계약서는 무조건 작성하고 특약사항을 꼼꼼히 챙겨야 한다. 인테리어는 어쩔 수 없이 여러 변수가 있을 수밖에 없기에 연장 기간 및 추가 금액이 발생할 확률도 높다. 따라서 사전에 추가금이 발생될 수 있는 어떤 경우들이 있을지 미리 묻고 전부 계약서에 포함시켜 두는 것이 추후 끝없이 추가금이 발생될 위험 요소를 줄일 수 있다.

그리고 선정한 업체와 계약 후에는 공사 시작 전에 미리 건물 관리사무소에 동행해서 업체 담당자 소개 및 공사 차량 주차 위치라든지 공사 차량 주차비, 엘리베이터 사용 여부 등 사전에 건물주 측의 확인이 필요한 부분들을 함께 체크해보는 것이 좋다. 특히 소음이 많은 철거나 그 외의 시공들은 요일과 시간대의 선정이 중요하므로 미리 건물 관리인과 필히 상의하도록 한다. 위 아래층의 협조가 필요하므로 사전에 미리 고지할 수 있어야 한다. 좋은 업체를 선정했다면 건물주 측과 협의가 필요한 여러 과정 역시도 업체가 꼼꼼히 알아서 맡아 진행할 것이지만, 가능하면 임차인이 직접 동행해 함께 상의하는 것이 수월할 것이다.

인테리어 공사할 때 체크해야 할 6가지 프로세스

공사 시작 전 : 반드시 설계도면을 체크하고 확인한다

최종 선정하게 된 업체와 제일 먼저 진행하는 것은 설계도면 작성이다. 도면의 종류는 여러 가지인데, 가장 많이 보게 될 도면이 평면도이다. 인테리어 도면을 생각하면 머릿속에 떠오르는 그 도면이 바로 평면도일 정도로 가장 일반적인 도면이고, 사용자가 가장 쉽게 볼 수 있는 도면이라 생각하면 된다.

평면도에는 공간 구획, 실명, 치수, 문과 창문의 위치, 가구 등의 레이아웃이 표시된다. 따라서 평면도를 보고 정확한 치수에 따라 필요한 공간의 레이아웃을 잡고 그 안에 들어갈 모든 가구와 집기들을 미리 배치해봐야 한다. 그런데 대부분의 경우 평면도가 나와도 가구가 아직 결정되지 않았을 확률이 크다. 물론 당장 인테리어 공사를 진행하는 것에도 전혀 문제가 없고 업체에서도 '나중에 알려주면 그려 드리겠다'는 식의 쿨한 반응일 것이다.

나는 업체와 평면도를 그리는 이 시점에 큰 가구나 장비의 위치나 방향은 결정되는 것이 좋다고 생각한다. 만약 외부로 사다리차를 쓸 수 없는 공간에 장비를 넣어야 하는데 좁은 문으로 들여오기 어려운 큰 사이즈의 장비라면 인테리어 시 벽을 세우기 전에 장비를 미리 들여놔야 한다. 이런 경우 전체 공정이 바뀌어야 하기에 미리 상의하고 결정할 필요가 있다. 또한 방사능 물질이 나오는 검사시설의 경우 납벽이 설치되어야 한다든지 같은 법적 기준도 있기에 의료법에 관련되는 인테리어 사항들은 반드시 사전에 결정하는 것이 좋다.

그 외에도 소가구나 집기들은 공사가 끝날 때쯤 급하게 하나씩 떠올리게 되는데, 그 경우 이미 정해져 있는 공간에 맞춰 주문해야 하기에 원하는 동선대로 공간을 배치하기 어렵게 된다. 따라서 가능하다면 도면을 그리는 시점에 공간에 들어갈 가구와 큰 집기는 함께 결정해서 크기와 배치 방향을 업체에 전달하고 동선을 고려해서 가구의 레이아웃을 정하는 방법을 추천한다.

설계도면은 공사가 시작한 이후에도 여러 번 바뀔 확률이 매우 높다. 공사 전에는 알 수 없던 건물의 상태, 그리고 개원 전 공간 계획의 변동 등이 이유가 될 수 있다. 내 경험으로는 처음 그린 도면이 끝날 때까지 그대로 간 경우는 한 번도 없었다. 물론 착공 이후의 변경 사항에 관해서는 추가 비용이 발생한다. 그러므로 도면은 업체가 제시하는 대로 오케이하는 것보다는 몇 차례가 되었든 만족스러울 때까지 공사 시작 전에 수정하는 것이 좋다. 또한 업체에서 한 타입의 도면만을 받고 결정하는 것보다 여러 타입의 레이아웃을 요청해 제일 맘에 드는 도면에서 조금씩 수정해 가는 것이 좋다.

도면은 최종 평면도면 이외에도 천장 도면(전기, 소방, 공조 등 배기시설을 파악할 수 있는 도면) 및 입면도(수직 방향에서 본 모습을 그린 도면), 단면도(천장, 건축물의 구조, 바닥 마감, 벽체 구성, 고정식 가구 등 내부 형태를 그린 도면), 투시도(실제 보이는 모습을 3D로 구현한 도면) 등이 있는데, 내 경험상 모든 업체가 다양한 도면들을 먼저 다 보여주지는 않았다. 그러나 좋은 업체들을 만나는 경험을 여러 번 반복하면서 이런 도면들에 대해 배울 수 있었다.

나 같은 경우 만약 업체에서 먼저 주지 않을 경우 필요한 공간의 단면도와 투시도는 요청하는 편이다. 받은 도면에 대해서는 자세한 설명을 요청하고 꼼꼼히 듣는 것이 좋고 수정사항이 있다면 곧바로 피드백을 주는 것이 좋다.

공사 시작(착공) : 공사현장을 내 집 드나들 듯 하라

도면을 바탕으로 공사가 시작되면 이제 내 할 일은 다 했다며 업체에 모든 것을 일임해버리는 이들이 많다. 개원 준비로 할 일이

태산인데 인테리어만 하고 있을 수는 없는 노릇이니 어쩔 수 없다. 하지만 나는 최대한 공사 현장에 자주 들르길 권한다. 인테리어는 끝나고 나면 내부를 들여다볼 수 없고 비전문가의 눈으로는 파악하기도 힘들기에 만약 하자가 생기면 자신만 손해다. 유선상으로도 전달받을 수 있지만 현장에 가봐야 공사가 어떻게 되고 있는지 제대로 알 수 있다.

나 역시도 인테리어에 관해 아무것도 모르는 의뢰인이었지만 현장에 자주 가보고 설명을 들으면서 많은 것을 배울 수 있었다. 또한 인테리어 사장이 맡고 있는 공사 건이 우리가 의뢰한 병원 한 군데가 아닐 것이다. 현장에 실무자들만 배치해 놓는다면 부실공사가 되거나 문제가 생겨도 당장 해결해줄 사람이 없다.

나와 서명한 대표가 현장에 얼마나 신경을 잘 쓰고 있는지도 체크해봐야 할 부분이다. 현장에서는 예기치 못한 변수들이 발생하기 마련이다. 예컨대, 도면상 수도관을 배치해야 하는 위치인데 막상 바닥을 파보니 수도관을 놓을 수 없는 높이라든지, 우물천장을 하려 했는데 천장을 열어보니 너무 지저분해 추천하지 않는 상황 등 수많은 다양한 경우가 있을 수 있다. 이때 인력비와 시간낭비 없이 공사가 멈추지 않고 진행되려면 의뢰인이나 담당자의 빠른 결정이 필요하다.

도저히 들를 시간이 없고 신경 쓸 겨를이 없다면 현장 감리인을 고용하는 방법도 있다. 나 역시도 공법이 어려운 공사를 진행했던 때에 감리인을 고용한 적이 있었는데, 현장 감리인은 공사현장을 엄격하게 관리해야 하기에 업체와 연관이 없는 사람을 고용하길 추천한다.

공사 중 : 자재 선택은 기준을 세워서 하자

도면이 나오고 공사가 시작되면 역시 시작이 반이라는 생각이 든다. 업체와 매일 소통하며 열심히 달려오니 다음으로 중요한 절차는 바로 자재 선택이다. 급이 천차만별인 자재들 중 어떤 급을 썼는지에 따라 인테리어의 퀄리티가 눈에 띄게 달라지는 만큼 견적도 올라가게 되므로 적당한 기준을 정하고 업체에 명확히 전달해야 한다.

업체와 타일, 조명, 필름, 벽지 등의 다양한 자재들을 공법 순서에 따라 업체에서 선택해줄 것을 요청한다. 이때 만약 견적서에 자재 금액이 포함되어 있다면 업체에서 그 금액대에 맞는 추천 자재들을 우선 보여줄 것이다. 내 경우, 기존 병원과는 다른 병원 인테리어를 구상했기에 층별로 호텔, 백화점 부티크와 같은 인테리어로 진행하고자 했다. 그래서 평소 다니면서 찍어둔 사진들과 영상들을 업체에 레퍼런스로 보여주었고, 이것이 일을 진행하는 데 큰 도움이 되었다.

자재 선택은 인테리어 업체와 함께 자재 숍들을 직접 돌아봐도 아주 좋은 경험이 된다. 나 같은 경우 자재단지나 업체는 무조건 함께 가보고 괜찮은 업체들은 따로 명함을 챙겨두는데, 만약 이후에 인테리어 A/S 기간이 지난 후 자체적인 보수가 필요할 경우나 인테리어 업체를 쓰기에는 애매한 작은 공사의 경우 바로 업체에 요청하면 금액을 절감할 수 있을뿐더러 같은 인테리어 회사와 진행을 할지라도 또다시 많고 많은 자재업체들 중 괜찮은 업체들을 재선정하지 않아도 되기에 인테리어 회사와 서로 시간을 아낄 수 있었다.

또한 내가 선택한 자재에 대해 업체들이 설명해주는 긍정적인 특징 등을 미리 적어두면 훌륭한 마케팅 요소가 될 수 있다. 우리 병원의 병실에는 유해물질을 차단하는 성분을 포함한 ○○등급의 벽지를 사용했다든지, 만약 아토피 전문 병원이라면 전 병원 자재를 친환경 자재로 사용했다는 등의 홍보문구는 충분히 매력적이다.

자재 선택에서 제일 중요한 것은 앞서 이야기했듯 자재별 수준에 따라 종류가 너무 다양하기에 원하는 퀄리티를 유지하면서 견적도 과하게 늘어나지 않는 선의 자재로 잘 선정해야 한다는 점이다. 반대로 견적에 맞지 않게 인테리어 업체에서 너무 저급의 자재를 쓰지는 않는지도 잘 체크해야 한다.

공사 중 : 내가 할 수 있는 선에서 하자를 최대한 막아라

공사에는 하자가 따르기 마련이다. 하물며 병원 인테리어 공사는 매우 다양한 용도로 설계와 시공이 이루어지기에 하자가 제로일 수는 없다. 그러나 내가 막을 수 있는 하자가 있다면 당연히 발 벗고 나서서 이를 최소화해야 한다. 내가 할 수 있는 선에서, 벌어질 수 있는 하자를 최대한 막는 것이다. 그 방법을 소개한다.

첫째, 자주 들여다봐야 한다.

공사현장은 내가 자주 간다고 해서 내가 익숙하게 알 수 있는 현장이 아니다. 게다가 장소의 특성상 위험한 요소도 많다. 그래서 간혹 현장 관계자들이 위험하다며 굳이 오지 말라고 하는 업체도 있다. 그러나 나는 '그럼에도 불구하고' 현장에 직접 자주 가보라고 적극 권한다. 뭘 잘 몰라도, 현장을 자주 들여다보는 일은 매우 필요하기 때문이다. 게다가 내가 생각하기에 좋은 업체는 현장에서 지속적으로 함께 미팅하면서 인테리어 진행 상황을 보고하고 공유하면서 설명해주는 업체이다. 의뢰인의 입장에서 현장에서 직접 보고 듣는 설명은 작업의 전반적인 상황과 공사 진행의 정도를 이해하는 데 큰 도움이 되고, 또 업체 대표나 인부들이 보기에도 의뢰인이 신경 쓰는 현장으로 보여 좋다.

또한 현장에서는 갑자기 컨펌이 필요한 경우가 생각보다 다분히 발생한다. 의뢰인이 자주 가보고 빠른 결정을 해준다면 공사현장에서도 빠르게 일을 진행할 수 있다. 나는 인테리어를 진행할 때마다 현장 관계자들이 마실 음료수나 간단한 간식 등을 챙겨서 자주 들여다보곤 했는데, 이렇게 현장 담당 작업 반장님과 친분을 쌓아두니 보이지 않는 부분의 마무리 공사 진행 상황이라든지 나와 인테리어 업체에서 생각하지 못했던 부분까지 신경을 많이 써주었다. 당시 현장 작업팀의 세심한 배려와 작업 반장님의 섬세한 체크에 감동 받은 경험이 있다.

업체를 재촉하지 말자

병원 개원을 준비하다 보면 인테리어 업체에서 받은 공사일정표를 평면도만큼이나 많이 들여다보게 될 것이다. 공사 일정은 처음 예정했던 것보다는 아마도 조금씩 미뤄지는 경우가 대부분일 것인데, 나 같은 경우에는 공사 기간을 너무 타이트하게 혹은 일정에 딱 맞게 해서 업체를 재촉하거나 무리해서 요청하지 않는 편이다. 앞에서 언급했듯 공사현장에서는 항상 다양한 변수가 발생한다. 물론 업체에서도 애초에 변수의 상황도 어느 정도는 미리 예상해서 일정표를 전달하지만 어쩔 수 없이 늦어지는 경우를 이해해줘야 한다.

업체를 너무 압박하거나 재촉하게 되면, 업체에서는 현장을 채근할 수밖에 없고, 이는 결국 부실공사나 실수로 이어지기에 하자가 발생하게 된다. 그러기에 나는 업체에 오히려 급하게 진행하지 말 것을 부탁하고 마지막 데드라인만 꼭 지켜주길 요청한다. 결국 모두 사람이 하는 일이기에 가능한 시간 내에서 최선을 다해줄 것을 부탁하는 것이 낫다.

공사 후 : 하자는 없을 수 없다

일정표를 자세히 보면 통상적으로 전 공사 기간의 마지막 며칠 정도는 하자 기간을 함께 체크하고 보수하는 기간으로 되어 있다. 이 기간에는 업체와 함께 현장을 돌아보며 사전에 이야기한 대로 자재들이 잘 쓰였는지 마지막으로 체크한다. 그 외에도 구석이나 모서리 쪽의 칠이 꼼꼼히 되지 않았다든지, 벽지나 맞춤 가구의 마감 등 모든 부분에서 문제가 있을 수 있으니 꼼꼼히 체크한다. 그 외에도 조금이라도 허술해 보이거나 추후 문제 될 소지가 보이는 부분이 있다면 망설이지 말고 미리 이야기해두어야 한다.

통상 인테리어 AS 기간은 1~2년인데, 그 기간 동안 인테리어 업체에서는 정상적인 사용 범위 내에서의 하자 및 보수의 부분에 대해 따로 인건비나 교체 비용을 받지 않고 보증 수리를 해준다. 물론 유상 수리가 필요한 경우도 있다. 내 경험상 어떤 부분에서건 수리를 요청할 일이 생기지 않을 수 없는데, 보수가 필요한 부분은 발견 즉시 이야기해야 인테리어 업체에서도 빠르게 대처해 줄 수 있다.

인테리어 관련 카페를 찾아보거나 주변의 이야기를 들어보면 업체 측으로부터 후처리 서비스를 잘 받질 못해 골치 아픈 상황을 빈번히 보게 된다. 잔금을 다 치르고 나니 업체에서 태도가 돌변해 답이 없다든지, 스케줄을 잡겠다고 하면서 계속 미루는 경우 등 다양하다. 하자보수를 요청할 일은 생각보다 자주 생기게 되기에 이 때문에라도 사전에 성실한 업체를 선정하는 것이 매우 중요하고 또한 계약서를 쓸 때에도 AS 보증 내용은 반드시 꼼꼼하게 기재해야 한다. 하자 없는 공사는 없다는 점을 명심하고 이 부분을 보증받을 내용만 명확히 마련해둔다면, 공사가 끝나고 나서도 업체와 하자 보수 등으로 소통하는 것에 골치 아플 일은 없을 것이다.

내실 있고 탄탄한 병원을 만들기 위한 직원 세팅 노하우

인사가 전부다

이미 개원한 원장님들, 그리고 개원을 해본 경험이 있는 원장님들을 만나 이야기를 들어보면 하나같이 병원 운영에서 제일 큰 스트레스를 받는 부분이 '인사'라고들 이야기한다. '사람이 전부다', '인사가 만사다' 등 사람 관리의 중요성에 관한 이야기는 누구나 한 번쯤 들어보았을 것이다.

주변에 오래 가는 병원들을 보면 원장님과 오랜 기간을 함께한 든든한 실장이나 총괄이 원내에 한 명씩은 꼭 있음을 알 수 있다. 그 든든한 동료가 병원에서 중요한 역할을 담당하고 있을 확률이 크다. 어느 회사나 마찬가지겠지만 좋은 직원을 뽑는 것은 회사 입장에서 매우 중요한 일이다. 병원도 마찬가지다. 안정적이고 원활한 운영을 위해서는 직원이 필수다. 이에 더해 원장님을 잘 '서포트'해주는 실무진들도 있어야 한다. 그래야 원장님이 더 양질의 진료에 집중할 수 있다. 인테리어와 시설이 완성되어 간다면 이제 각 부서의 직원 세팅을 부지런히 시작해야 한다.

직원들의 만족도를 먼저 생각하라

매년 유행하는 패션 트렌드가 바뀌듯 직원들이 선호하는 업무 스타일 역시 변화한다. 특히 병원 직원들의 주 연령층인 MZ 세대들은 상대적으로 급여를 덜 받더라도 스트레스가 적고 본인의 워라밸, 즉 일(Work)과 삶(Life)의 균형(Balance)을 지키면서 일할 수 있는 직장을 택하는 경우가 더 많아졌다. 그 말인즉, 회사에서도 직원들의 업무 만족도를 신경 쓰고 관리해야 한다는 것이다.

좋은 예로 강남의 한 병원은 대표 원장님의 모토가 "직원들이 건강해야 병원이 잘 된다"이다. 이 모토에 따라 병원은 직원들의 건강을 위해 다양한 복지제도를 실시했는데, 그중 눈에 띄던 복지가 있어 내 기억에 오래 남는다. 그 병원은 개원 이후 병원 위층에 메디컬 피트니스 센터를 오픈했는데, 매일 저녁 진료 이후 직원과 원장님이 다 함께 올라가 신나게 그룹 피티 수업을 받는 것이 하루 일과였다. 요즘은 어떤가 물어보니 병원뿐 아니라 피트니스 센터까지 워낙 잘 되어서 직원들이 다 같이 올라가서 운동할 틈이 나지 않아 각자 시간 날 때 맞추어 운동을 한다고 했다. 개원 초부터 매일 저녁 함께 운동하던 직원들은 현재까지도 4년 이상 장기근속 중이라고 한다.

좋은 직원들와 합을 맞춰 병원을 성장시킨 그 병원의 노하우는 간명하다. 바로 직원들의 만족도를 최우선으로 생각했다는 점이다.

확실한 보상으로 대접하라

원장님들의 모임에 참석할 때마다 구인난에 관한 이야기는 꾸준히 듣는 이슈다. 점점 어려워지는 간호조무사 시험의 문턱에 합격하는 친구들이 적어지고 있는 것도 사실이다. 좋은 직원이 우리 병원에 정착해서 열심히 일하고 싶게 만드는 방법은 무엇일까?

병원은 사무적인 업장이 아닌, 환자들에게 수준 높은 진료 서비스를 제공하는 실무 위주의 업장이다. 수년간 많은 직원들을 대해 보니 같은 업무를 이야기해도 이야기한 부분만 수행하는 직원이 있고, 그 외의 추가적인 업무까지 센스 있게 스스로 찾아 일하는 직원이 있다.

최근 나는 내가 관리하는 병원 실무팀에게 크게 감동받은 일이 있었다. 병원을 확장하면서 인테리어를 전부 고급스럽게 바꾸었기에 모든 세팅과 서비스도 이에 맞게 바꾸어 가는 중이었다. 이 일로 데스크팀과 회의를 진행하면서 나는 미리 찍어두었던 사진을 보여주며 화장실 휴지를 호텔에서 하듯 삼각 모양으로 예쁘게 접어두면 어떨지 팀원들에게 의견을 물었다. 고맙게도 다들 찬성해주었고 따로 당번이나 시간을 정하지 않고 화장실에 갈 때마다 다 같이 모든 칸의 휴지들을 예쁘게 삼각형으로 접어두기로 했다.

몇 주 뒤 바쁘게 지내던 와중 병원에 들른 나는 화장실에 가보고 너무나 감탄했다. 모든 칸의 휴지가 예쁘게 삼각형으로 접혀 있을 뿐만 아니라 손을 닦는 티슈 타월까지도 예쁘게 접혀 있었던 것이다. 누군가에게 미루고 지나칠 수 있는 부분을 다 같이 자기 것인 양 솔선해서 실천해주고 말하지 않는 부분까지 한 걸음 더 신경 써준 이들에게 무척 고마웠다. 대견스럽고 또 신뢰를 준 그 마음이 고마워 다 같이 회식하는 자리를 가졌다. 그런데 그 자리에서 또 다른 아이디어가 나왔다. 이제부터 고객을 위해 손 닦는 티슈뿐 아니라 가운 역시도 정갈하게 접어두자는 의견이 나온 것이다. 나는 좋은 의견을 낸 직원에게 별도로 상품권을 지급했다.

적당한 인력 배치란

사무직과 서비스직의 관리에서 제일 큰 차이는 '서비스직은 자리가 비게 될 경우 대체 인력이 꼭 있어야 한다'는 것이다. 병원은 직접적인 응대가 이루어지는 업종이다 보니 빈자리가 있으면 안 되고 언제든 응급한 상황에서의 빠른 응대가 가능해야 한다. 그렇기에 대비 인력이 항상 필요하고, 바쁠 때의 인력과 한가할 때의 필요 인력 차가 매우 크게 느껴지는 이유이기도 하다. 고객이 많을 때나 유난히 응급 상황이 많이 발생하는 때에는 다들 바쁘기에 인력이 알맞아 보이고, 한가할 때는 직원이 너무 많은 것은 아닌지 고민하게 된다. 어느 업장이나 한가할 때가 있고 바쁠 때가 있다. 과연 병원은 어느 쪽에 맞추는 것이 좋을까?

인력은 부족한 것보다 차라리 넘치는 것이 낫다

앞서 말했듯 서비스직은 자리가 비는 시간이 최소한이어야 한다. 응대할 직원이 없어서 환자 고객에게 “오지 마시라” 하는 기가 막힌 상황을 직면하고 싶지 않다면 애초에 직원을 여유롭게 배치해두어야 한다. 다수의 직원들이 갑자기 한 번에 그만둬버리는 바람에 당장 한두 명의 직원을 데리고 발을 동동 굴러본 경험은 원장님들의 모임에 가면 심심찮게 나오는 에피소드 중 하나이다. 그나마 한두 명의 직원이라도 남아 있으면 다행이고, 심지어 온 직원이 다 같이 그만둬버려 가족들이 급히 나와 일하게 되었는데 억지로 유니폼을 입히느라 실랑이를 했던 이야기며, 원장님 본인이 직접 진료실과 데스크를 번갈아 보다가 결국 급여를 훨씬 올려 직원을 급히 구한 스토리는 듣기만 해도 간담이 서늘해지는 일이다.

나 역시도 인력에 대한 고민은 항상 하게 되는 부분이다. 인력에 대해 고려할 때에는 병원 전 직원의 수를 통째로 보는 것보다 각 진료 파트의 팀별로 구분해 생각해야 한다. 팀별로 다양한 시점에 따른 필요 인력이 다르고, 주 업무 외의 부 업무들에 대한 빈도수도 다르기 때문이다. 그렇기에 관리자는 실무적인 부분을 업무시간에 구석구석 살펴보면 좋고, 그렇지 못하다면 각 팀의 팀장뿐 아니라 파트별 직원들과 지속적인 소통을 하면서 현재 업무량은 적절한지, 갑자기 팀원 중 누군가가 그만두게 되었을 때의 상황에 대비되어 있는 인력인지 지속적으로 체크해야 한다.

아울러 처음 오픈하는 병원에 지원한 직원들은 여러 이유로 금세 그만둘 확률이 높다는 점도 예상해야 한다. 개원하여 시스템이 자리 잡은 병원에 비해, 개원 초기의 병원들은 생각보다 잡무가 많은 데다가, 초반에는 어쩔 수 없이 예상치 못한 이런저런 일들로 좌충우돌하게 마련이다. 따라서 정신없이 업무가 돌아가는 상황에 적응하지 못하는 직원들이 나오게 되고, 이런 이유로 빨리 그만두는 직원이 많다는 점도 미리 고려되어야 한다.

인력에 관한 한, 항상 부족한 것보다는 바쁠 때를 생각해야 한다. 평소 일손이 넘칠지언정 서비스의 질을 놓치지 않기 위해서는 여유 있는 인력 배치가 낫다.

내실을 다진다면 외부 마케팅은 저절로 된다고 해도 과언이 아니다. 모든 마케팅에는 파이프라인이 존재한다. 말 그대로 고객들은 마케팅을 통해 파이프라인을 타고 우리가 설정한 곳으로 유입되게 된다. 그러므로 고객들이 최종적으로 도착할 파이프라인을 잘 만들어두는 것이 중요하다.

Chapter.3

개원 후 체크해야 할 MSO 전략 6

개원 후 직원 관리는
뜨겁고 또 차갑게 하자

일하는 직원 따로, 노는 직원 따로?

개원해서 직원들과 일을 시작하다 보면 한 달 사이에 다양한 문제점이 수면 위로 떠오른다. 그중 가장 첫 번째로 불거지는 문제가 바로 '직원 사이의 불협화음'이다. 분명히 초반에 각 파트별로 업무를 분장하고 역할을 나누었는데 그 세팅대로 병원이 돌아가지 않기 때문이다.

가장 많이 나오는 불평불만이 '업무가 나에게만 치중된 것 같다', '다른 파트의 일을 내가 하고 있다'와 같은 말들이다. 한마디로, 업무가 평등하게 나누어지지 않아 일하는 사람 따로, 노는 사람 따로라는 소리다. 이런 불만이 터져 나온다면, 아마 한두 명의 성실하고 '사람 좋은' 직원이 여럿의 일을 대신하고 있을 가능성이 크다. 이때는 일의 분담이 균등한지를 가장 먼저 살펴야 한다.

관리자는 눈이 밝아야 한다

이를 해결하는 방법은 간단하다. 인력이 과하게 몰려 있는 파트를 찾아내고 적절한 곳으로 재배치하는 것이다. 때로는 인력이 전반적으로 부족할 경우 인력을 추가로 배치하는 것도 고려해야 한다. 사실 관리자의 눈에는 부족한 인력보다는 넘치는 부분이 먼저 보일 것이다. 이렇게 넘치는 파트의 인력은 바쁜 쪽으로 이동해서 직원들의 업무량이 적절히 잘 분배되어 있는지 지속적으로 체크해야 한다.

직원들 입장에서 직장에서의 업무란 내가 반드시 해야 하는 것과 굳이 하지 않아도 되는 것으로 나뉠 것이다. 그리고 대부분의 사람들은 자신이 하지 않아도 되는 일에는 굳이 발 벗고 나서지 않는다. 적게 일하고 많이 벌고 싶은 것, 최소한의 품을 들여 업무를 끝내고 싶은 것이 평범한 사람들의 마음이기 때문이다. 그런데 내가 하지 않아도 되는 업무를 알아서 묵묵히 하고 있는 훌륭한 직원들도 분명 존재한다.

나는 이런 직원들을 세심하게 포착하고 알아내서 성과급과 보상을 챙겨주는 것이 관리자의 역할이라고 생각한다. 이런 보석 같은 이들의 사기를 복돋워주고 응원해줄 때 다른 직원들도 따라 하고 싶은 분위기가 조성될 것이다. 어느 일터든 조직문화를 만들어가는 첫걸음은 관리자에게서 나온다는 것만 잊지 않는다면 내실 있고 탄탄한 병원은 자연스럽게 만들어질 수 있다.

직원들과의 소통창구는 늘 열려 있어야 한다

업무를 적절하고 공평하게 분장하는 일만큼 중요한 것이 바로 직원과의 소통이다. 관리자급 직원들은 동료 팀장급 직원과 소통하는 것만큼 실무에 있는 직원들과도 활발히 소통해야 한다. 애초에 소통이 잘 되고 있었다면, 직원들 사이에서 불협화음이 일어나도 빠른 시간 내에 원만히 해결되기가 쉽기 때문이다. 게다가 실무 직원들은 항상 관리자들과의 소통을 목말라 하므로 소통창구를 상시적으로 마련하고 이를 늘 오픈 상태로 놔두면 병원 분위기는 물론이고 직원들의 사기 진작에도 큰 도움이 된다. 좋은 이야기이건 그렇지 못한 소식이건 무엇이든 관리자급에 쉽고 빠르게 본인 의견과 병원의 상황을 이야기할 수 있는 창구를 열어두어야 한다.

물론 상황에 따라 바로바로 답을 해줄 수 없어도 괜찮다. 또한 모든 의견을 수용해주려는 의도가 아니라는 것쯤은 직원들도 이미 알고 있다. 그러나 소통창구가 있다는 것과 전혀 없는 것의 차이는 매우 크다. 따라서 나는 개원 초기부터 줄곧 원내의 팀을 상대로 주기적으로 대화하고 회의하는 시간을 빼놓지 않는다.

이 원칙은 아무리 바빠도 반드시 지킨다.

팀별 회의 때는 다과를 준비해 밝은 분위기 속에서 이루어지도록 힘쓴다. 부드럽고 유연한 분위기가 조성된다면 직원들은 자신의 의견을 편하게 이야기할 수 있고 때로는 좋은 아이디어와 방안들이 탄생하기도 한다. 팀별 회의 시간을 이 같은 소통창구의 시간으로 활용하면 병원 환자에게도 직원에게도 더 나은 병원이 되는 방법을 함께 모색할 수 있는 기회가 될 수 있다.

확장 시기에는 직원들을 적극적으로 참여시키고 의견을 수렴하라

몇 년 전 내가 관리하는 병원이 리모델링과 확장을 겸해서 재오픈하는 시기가 있었다. 이때 직원들과의 소통에서 내가 제일 중요하게 생각한 부분은 변화하고 바뀌는 업무에서 직원들이 이를 부당하게 느끼지 않도록 하는 것이었다. 병원이 확장되고 커지면, 아무래도 업무가 많아지고 본래의 위치, 혹은 하던 방식이 바뀌어서 어느 정도 적응 기간이 필요하게 된다. 이때 자칫하면 직원들이 업무를 과중하게 느끼고 부담으로 받아들이기 쉽다. 그래서 나는 이 부분을 매우 세심하게 살피려 애쓴다.

사실 대다수 회사에서는 이전이나 확장을 진행하면 그 자체로도 워낙 신경 쓸 것이 많기에 직원들의 마음까지 일일이 챙길 겨를이 없는 경우가 대부분일 것이다. 하지만 실무진과 함께 병원을 정리하고 세팅하며 큰 변화를 함께 겪어보니 변화하는 시스템에 대해 직원들이 부담과 걱정을 할 수밖에 없다는 생각에 공감할 수 있었다. 게다가 주어진 시간 내에 본인이 사용하고 담당하는 장비 등의 세팅이 어려우면 어쩔 수 없이 주말에 나와야 하는 파트의 직원도 생기게 된다.

이런 모든 변수들을 고려해서, 나는 리모델링과 확장을 진행하면서 각 파트의 의견을 최대한 물어보고 수렴해주려 노력했다. 주사팀과 같이 부자재가 많은 파트는 평소 부족했던 수납 공간을 같이 고민하고 해결해준다든지, 데스크 높이를 조금 높여주길 원한 데스크 직원의 요청을 수용하는 것 등이 이에 해당한다. 이런 수용이 중요한 이유는, 나 혼자의 머리로는 생각지도 못했던 당양한 의견과 아이디어, 그리고 개선점들을 발견할 수 있게 되기 때문이다. 직원들을 적극적으로 참여시킬 때만이 얻을 수 있는 소중한 자산과 경험치가 이런 과정에서 자연스럽게 쌓인다. 또한 직원들은 자신이 편하게 업무하는 것과 관련된 의견 이외에도 환자들의 동선을 어떻게 바꾸면 더 나을 것 같다라든지, 본인들이 아닌 환자들의 편의를 위한 좋은 의견도 많이 취합할 수 있었다.

당시 리모델링이 모두 완료되고 나서 직원들과 돌아보는 시간을 가졌는데, 모두가 자신들의 의견이 받아들여지고 또 반영된 것이 인상 깊었다고 했다. 다 같이 힘들고 신경 쓸 일이 많았지만, 너무 즐거웠던 기억으로 남아 있다. 리모델링 이후 직원들의 업무 만족도에 대한 피드백 역시 매우 좋았기에 성공적인 프로젝트가 되었다고 생각한다.

이 일을 계기로 나는 병원에 큰 변화가 있을 때는 직원들에게 적극적으로 참여할 기회를 반드시 주어야 한다는 것을 느꼈다. 기회에는 자신의 의견을 내는 것뿐만 아니라 직원의 요구 조건을 수렴한다는 의미도 포함된다. 직원들의 참여는 자주, 많을수록 좋으며 이런 기회가 업무를 능동적으로 하고 적극적으로 하는 데 동기부여가 된다는 것을 다시 한번 알 수 있었다.

분위기 회복이 어렵다면 인력을 전부 해체하고 다시 시작하라

공고를 올리고 직원을 뽑는 것은 생각보다 복잡한 일은 아니지만 '좋은 직원'을 뽑는 것은 제일 중요하면서도 또 가장 어려운 일이다. 게다가 개원 초반에는 함께 분위기를 잡아갈 직원들을 뽑는 것이기에 어떤 사람들이 들어오는지가 더욱더 중요하다고 볼 수 있겠다.

5~6년 전 내가 강남역의 한 병원을 세팅할 때의 일이다. 원장님들이 개원 전에 개인별로 채용한 직원들로 개원을 했는데, 원내 직원들의 분위기가 너무 좋지 않았다. 아무래도 여직원들이 모여 있으니 한두 명의 불화가 곧 병원 전체 분위기로 이어지고, 이는 역시나 업무상의 불협화음으로 이어졌다.

병원은 점점 환자가 많아져 새로운 직원이 계속 들어왔는데,

기존 직원들의 텃세에 새 직원들이 버텨내질 못했다. 부드럽고 말랑말랑한 친구들은 기가 센 친구들의 성화에 버티지 못하고 모두 나가버리니, 병원이 점점 간호사들 간의 기 싸움에서 이겨야만 살아남는 모양새가 되었다. 매일 어디서 터질지 모를 서로가 불편한 분위기 속에 결국 나는 원장님과 상의 끝에 전체 인력 교체를 결정했다!

당시 나는 20~30명 정도 되는 직원들을 모두 다시 뽑았다. 그러고는 분위기를 새로 잡아가는 대대적인 프로젝트를 진행했다. 직원들을 전부 교체하려니 무엇보다 내가 전 부서의 역할과 특성을 알아야 했는데, 그것이 오히려 내게는 좋은 기회가 되어 전 부서의 실무를 익히는 계기가 되었다. 내게는 번거롭고 큰 일이었지만, 지금 생각해보면 직원들이 더 많아지기 전에 진행하길 잘했다고 생각한다. 무엇보다 그 결정으로 원장님과 직원들의 업무 환경에 대한 만족도가 높아졌다. 지금도 강남의 그 병원은 고객들로부터 직원들이 밝고 분위기가 좋다는 피드백을 꾸준히 받는 곳으로 잘 유지되고 있다.

관리자가 실무진의 자리에 자주 서보자

실무 파트의 업무는 누군가가 업무 프로세스를 주기적으로 체크해주지 않으면 그 방식이 몇 년이고 그대로 유지되고 있는 경우가 대부분이다. 따라서 실무진의 고충을 제대로 알기 위해서는,

관리자가 실무진의 업무 위치에 자주 서서 일을 맡아보는 일이 필요하다.

이때 관리자가 실무 업무를 전부 알고 있지 않아도 괜찮다. 그 속에 들어가 들여다보는 것만으로도 직원들이 불필요한 업무를 하고 있지는 않은지, 타 부서의 지원을 받을 경우 훨씬 업무 속도가 빨라질 수 있는 부분은 없는지 등 직원들이 직접 나서서 바꾸거나 개선할 생각을 하지 못하는 부분을 관리자가 발 빠르게 체크할 수 있다. 이런 지점들을 자주 들여다보고 변경해주는 것만으로도 직원들은 업무 만족도뿐만 아니라 관리자에 대한 신뢰도 역시 올라가게 된다.

나도 여전히 병원에 내 유니폼이 항상 구비되어 있고, 시간이 가능할 때마다 데스크에 잠시라도 들어가보곤 한다. 실무진의 위치에서 수년간 병원을 바라보고 환자를 대해보는 경험만큼 중요한 자산은 없었다고 생각한다. 아무런 문제가 없어 보이는 부분일수록, 또 늘 조용하고 묵묵히 제 몫을 해내는 팀일수록 나중에 크게 번거롭게 불거질 일을 방지할 수 있음을 기억한다면 개원 후에라도 직원 관리로 어려움을 겪는 일은 없을 것이다.

직원 교육은 매뉴얼을 만들어 프로세스화하라

전 직원과 함께하는 워크숍을 추천한다

포드 자동차의 창업주 헨리 포드는 이렇게 말했다.

"나의 공장을 가져가고 차를 부숴도 좋다. 다만 나에게서 포드 사람만 빼앗아 가지 마라. 그러면 이 사람들과 함께 다시 지금의 포드를 만들 수 있을 것이다."

이 말은 인적자원이 기업 입장에서 얼마나 중요한 자산인지를 그대로 드러내준다. 이를 증명하듯 기업들은 신입사원 교육에 적지 않은 비용을 지출하고 있으며, 교육 내용 또한 주기적으로 점검하고 업그레이드함으로써 내실을 꾀하고 있는 것이 사실이다.

몇 년 전 강남의 한 병원을 오픈하면서 원장님 포함 20명 정도의 전 직원을 대상으로 워크숍과 교육을 진행한 적이 있었다. 당시 나는 여러 대기업의 서비스와 직원 교육을 오랜 기간 담당해온 한 업체의 대표님을 초청해 오픈을 앞둔 우리 병원에서 업무상 필요한 것이 무엇인지 체크하고, 우리 병원의 이념과 비전을 직원들에게 전달하고 함께 목표를 설정하는 시간을 가졌다. 그날의 워크숍은 예상할 수 있는 기존 여러 회사의 워크숍과는 다르게 딱딱하지 않고 밝은 분위기로 진행되었으며, 원장님과 직원들의 피드백도 매우 좋았던 기억이 난다.

가끔 사무실 서류를 정리하다 보면 원장님과 직원들이 다 같이 작성했던 롤링페이퍼라든지 함께 준비했던 초기의 자료들을 발견하곤 하는데, 언제 보아도 느껴지는 개원 시기의 설레임과 열정에 마음이 뭉클해진다.

그래서 나는 개원을 앞둔 원장님들에게 킥오프(kick-off) 전에, 전 직원 워크숍을 고려해볼 것을 적극 추천한다. 병원을 개원할 때 꾸리는 첫 스태프(staff)는 초반 모든 세팅과 구축을 함께 하는 중요한 사람들이므로 이들과 손발을 맞춰 출발하는 것이 무엇보다 중요하기 때문이다. 전 직원 워크숍은 의외로 좋은 성과를 낳는 좋은 기회가 되어준다.

서비스직일수록 매뉴얼의 필요성이 크다

병원을 운영하다 보면 새로운 직원들이 끊임없이 들어온다. 첫출

근한 직원이 바로 업무에 투입해서 일할 수 있다면 좋겠지만, 당연히 그럴 수 없기에 해당 병원에서 근무하는 방법을 알려주는 가이드가 필요하다. 당연히 신입직원을 가르칠 수 있는 기존 직원을 멘토로 붙이면 간단하다. 하지만 문제는 그 멘토 직원이 교육하는 기간 동안은 멘토링을 해주는 직원도, 멘티가 되는 직원도 본인의 업무를 제대로 수행할 수 없다는 것이다.

병원은 원활한 환자 응대를 위해 공석이 발생하면 대체 인력이 투입되어야 하는데, 멘토가 실무에 있는 업무 시간 동안 인수인계가 동시에 이루어지니 어쩔 수 없이 가르치는 인원의 업무 공석이 발생한다. 이러한 리스크를 줄이기 위해서는 매뉴얼을 만들어 인수인계에 투여되는 인력과 시간의 낭비를 줄이는 것이 최상의 방법이다.

매뉴얼 작성과 관리 노하우

매뉴얼을 만드는 것은 생각보다 쉽지도, 간단하지도 않다. 매뉴얼을 만들 때는 다음과 같은 것에 유의해야 한다.

첫째, 시작이 반이라는 생각에 유념한다.

무엇이든 처음 세팅이 힘들지만 한번 제대로 해놓으면 그 이후에는 가끔 업데이트와 지속적인 관리만 하면 된다. 직원들의 설득이 필요할 수도 있다. 다른 병원에서는 없는 업무, 당장 나에게 필요하지 않다고 느낄 수 있는 업무가 생기니 당연히 부당하게 생각할 수도 있는 부분이다. 하지만 매뉴얼이 생길 경우 오히려 편리해지는 부분을 직원의 입장에서 잘 설명해주고 이해시킨 다음 실무자와 관리자가 함께 신경 써서 만들어야 한다. 만들자고 지시만 해놓고 관리자가 함께 신경 쓰지 않으면 좋은 매뉴얼이 만들어질 리 없음은 당연한 결과일 것이다.

둘째, 지속적으로 업데이트하는 일에 신경 쓴다.

매뉴얼은 만들고 나면 '끝'이 아니다. 트렌드가 변하듯 업무 방식도 변화하고 반드시 더 나은 방법으로 개선되어야 한다. 대부분의 직원들은 실무에 있으면 매뉴얼대로'만' 업무를 하게 된다. 이 때문에 더 좋은 업무 방식, 개선해야 할 부분이 분명 있음에도 정해진 대로만 업무를 하게 되는데 이러다 보면 개선해야 하는 여지를 놓치기 쉽다. 어떤 업무든 관리자가 직접 들어가서 할 것이 아니라면 직원들을 활용해야 하고, 이에 적절한 보상이 주어진다면 생각 외의 다양하고 좋은 아이디어를 훨씬 많이 얻을 수 있다.

나는 각 부서의 매뉴얼을 만들고 그것에 추가적으로 더 좋은 내용을 제안하는 직원은 보상하는 제도를 만들었다. 구글 공유 시트에 기본적인 매뉴얼을 공유하고 팀원이라면 미리 보고하고 누구나 언제나 추가하고 수정할 수 있도록 했다. 또한 수정되는 내용을 미리 알림 설정해두고 24시간 열람이 가능하게 해 혹여나 잘못 수정되는 부분이 생길 경우 누구든지 빠르게 알 수 있도록 했다. 나도 물론 적극적으로 이를 확인하고 피드백해주려 항상 노력하고 있다.

셋째, 만들어진 매뉴얼이 잘 활용되는지 반드시 체크한다.

업무 매뉴얼은 생각보다 신경 써야 할 항목이 많은 데다 완성되기까지 꽤 오랜 시간이 걸리는 작업이다. 따라서 매뉴얼이 완성되었다면 그만큼 잘 쓰여야 한다. 특히, 업무 매뉴얼이 첫 완성되었을 때는 누구든지 이 방식을 받아들이기 어색해한다. 가장 큰 이유는 팀장이 직접 가르쳐주는 것이 본인들 각자가 스스로 매뉴얼을 보고 익히는 것보다 훨씬 편하고 또 빠르기 때문이다. 이는 실무자의 입장에서는 당연할 수밖에 없는 이야기다. 하지만 신입 직원들이 항상 한 번에 한 명씩 들어오리란 법은 없다. 갑자기 많은 직원이 들어올 수도 있고, 일주일, 한 달 등 띄엄띄엄한 간격으로 두세 명이 들어올 수도 있다. 부득이한 경우, 인수인계를 할 인력이 없을 수도 있다. 이때 매뉴얼은 톡톡한 1인의 몫을 충분히 해낼 수 있다. 그러므로 평소에도 매뉴얼이 잘 활용되도록 체크하자.

매뉴얼이 가져다주는 효과

앞에서 말했듯 완성된 매뉴얼은 1인 또는 그 이상의 몫을 톡톡히 해낸다. 완성된 매뉴얼이 있으면 새로운 인력이 빠르게 업무에 투입될 수 있기에 효율성이 높아진다. 또한 한 사람의 인력이 투입될 때 소비인력의 낭비를 방지할 수 있다.

'개원 후 직원 관리는 뜨겁고 또 차갑게 하자'에서 이야기했듯 직원들 간 불협화음이 심해 전 직원 교체를 진행했을 당시에 직면해야 했던 제일 큰 문제는 인수인계할 인력이 있어도 온전히 맡길 수 없다는 것이었다. '현재'의 분위기와 업무 방식이 좋지 않아 모든 직원을 교체해야 하는 상황이었기에 기존 인력과 새로운 인력 간의 접점을 최소한으로 줄여야 했다. 내가 모든 부서의 인수인계를 직접 다 할 수도 없는 노릇이었고 병원은 데스크 외 파트들은 거의 방으로 되어 있기에 내부에서 어떤 대화가 오고 가고 어떤 식으로 업무인계가 이루어지는지 확인해야 했다. 내 업무 대신 온 파트를 돌아다니며 인수인계 내용은 올바른지, 좋지 않은 분위기까지 전달되지는 않을지 온종일 바삐 살펴야 했다. 이때 나는 매뉴얼의 중요성을 절실히 느꼈다.

우리 팀장이 걱정 없이 휴직계를 냈던 이유

그렇다면 매뉴얼에 반드시 들어가야 할 자료는 어떤 것이 있을까? 가장 최우선 항목은 인수인계 자료, 즉 업무를 정리한 자료다.

어느 파트든 원장이 나서서 직원 교육을 하거나 진료 외의 업무를 봐야 하는 상황은 없어야 한다. 앞서 언급했듯 기존 직원이 갑작스레 그만둘 수밖에 없는 경우는 다분히 발생하게 되고, 모든 직원이 다 같이 갑자기 그만두는 경우도 경우에 따라 빈번한 것이 병원 업계다. 이 말은 곧, 인수인계자가 없는 경우를 항상 대비해야 한다는 의미다.

만약 모든 직원이 그만두는 후자의 경우 당장은 원장이 나와서 데스크를 볼 수도 있다. 그동안 직원을 얼른 뽑아서 배치하면 되니까. 하지만 직원이 들어온다 한들 그 직원이 바로 실무에 투입되기는 힘들다. 기존 병원의 돌아가는 시스템과 업무를 익힐 시간이 필요한 것이다. 그러니 업무 교육 역시도 원장이 진행하게 될 수밖에 없다. 진료를 보기에도 바빠야 할 원장이 바깥 업무에 직원 교육까지…, 생각만 해도 병원 일이 산으로 갈 수밖에 없다.

몇 해 전 당시에 내가 컨설팅하고 있던 병원의 총괄팀장이 건강상 문제로 갑작스레 병가계(휴직계)를 내야 했다. 리더가 없어지니 팀원들도 그렇고 나도 적잖이 걱정할 수밖에 없었다. 팀장이다 보니 맡고 있던 일도 많았기에 내가 그 직원을 대신할 것도 생각해서 당분간 내 개인 업무량을 조절해야겠다는 생각까지 하고 있었다. 그런데 의아하게도 그 팀장은 전혀 걱정하지 않아도 된다며 우려하는 나를 안심시켰다. 나는 어떻게 이 팀장이 이토록 태평하게 말하는 것인지 의아했다.

그 이후 그 팀장이 휴가를 가고 나 역시 병원 실무에 투입되어 팀장이 없어도 괜찮은지 살피곤 했다. 그렇긴 해도, 자연스레 내 업무가 바쁘니 온전히 신경을 쓰지 못하고 있었는데, 신기하게도 병원이 잘 돌아가는 것이다. 어떻게 이런 일이 가능한지 의아해서 꼼꼼히 사정을 들여다보니, 팀장과 내가 초창기부터 만들어두었던 각 파트별 업무 시트들이 업무의 공백을 무리 없이 매우고 있음을 알게 되었다. 팀장과 나는 일상적으로 업무 시트를 만들어 서로 업무 관련 내용을 보고하고, 각 파트에서 일어나는 일들을 빠짐없이 살펴보며 숙지하고 있었다. 서로 바쁠 때에도 언제든지 원격으로 업무를 파악할 수 있도록 만든 방식이었는데, 이 시트들이 인력의 공백 시에도 평상시와 다름없이 매뉴얼 역할을 충분히 하고 있는 것이었다. 애초 내가 이 시트를 도입한 것은 직원들의 업무상 편의를 위함이었다. 내가 한 일이라고는, 각 파트별로 시트를 만들어 현재 진행되는 업무 내용을 나에게 공유해달라고 한 것뿐이었다. 그런데 그 효과가 매우 크고 또 큰 효율을 가져왔던 것이다.

그렇게 직원들이 만든 업무 시트가 곧 업무 메뉴가 되고 팀장의 빈자리까지 메우고 있으니 직원들에게 고맙기만 했다. 너무 훌륭한 그 준비 덕분에 우리는 아무런 리스크를 겪지 않았다. 만약 그 시트가 없었다면 나는 내가 팀장 역할을 대신하면서 그 자리를 메울 친구를 다급히 구해야 했을 것이다. 그 팀장은 당시 6개월간의 긴 휴가를 무사히 마치고 업무에 평상시처럼 복귀할 수 있었다.

이처럼 업무 매뉴얼은 신입사원 교육뿐 아니라 팀원의 결원 시에도 매우 유용한 자료가 된다. 잘되는 병원과 못 되는 병원, 결원 시 급격히 혼란에 빠지는 병원과 그렇지 않은 병원의 차이가 여기에 있음을 명심한다면 병원 운영에서 인적자원의 결손으로 크게 힘들어할 일은 없을 것이다.

외부 마케팅,
할 것인가 말 것인가

마케팅이 뭐길래

병원을 개원하면서 제일 많이 듣게 되는 단어 중 하나가 '마케팅'일 것이다. 애써 병원을 잘 세팅하고 훌륭한 직원들을 뽑아두었어도 마케팅을 못하면 안 된다고들 한다. 의료진이 진료를 잘 보는 것만큼이나 중요한 '마케팅'이란 무엇일까?

'마케팅'이란 고객이 병원에 찾아오게 하는 모든 행위를 말한다. 이 행위는 내부를 대상으로 한 것과 외부를 대상으로 한 것으로 나뉜다. 외부 마케팅은 말 그대로 외부에 우리 병원을 알리고 타깃층에 맞는 고객이 찾아오게 하기 위한 활동을 뜻한다. 반면 내부 마케팅은 병원 원장과 직원들을 대상으로 하는 마케팅이라 할 수 있다(내부 마케팅에 대해서는 '내부에도 마케팅이 필요하다'에서 구체적으로 소개했다).

선택과 집중을 위한 타깃층을 정하자

외부 마케팅이 중요한 이유는 명백하다. 'Chapter.2 개원 전 체크해야 할 MSO 전략 5'에서 기술했듯이, 병원 개원을 준비할 때는 타깃층을 미리 설정하는 일이 필수다. 우리 병원에 왔으면 하는 주 환자층이 정해져야 병원 입지부터 콘셉트, 인테리어, 마케팅까지 전략적으로 계획하고 준비할 수 있기 때문이다.

간혹 모든 고객군을 전부 타깃으로 정하고 싶어 하는 원장님들도 보았다. 물론 불가능하지 않다. 하지만 그러려면 모든 고객을 만족시킬 만한 규모와 인력, 자원이 뒷받침되어야 하는데 개원 시부터 이렇게 대규모로 세팅하기엔 쉽지 않고 또 권장되지도 않는다. 따라서 우리의 타깃층에 맞는 마케팅과 세팅에 집중하고 점차 고객군을 확대해 나가는 것이 바람직하다.

결론적으로, 외부 마케팅은 크게 하든 적게 하든 필수 항목이 되어야 한다. 간혹 외부 마케팅을 해야 하나 말아야 하나 그 시작 단계부터 고민하는 원장님이 있는데, 꼭 큰 비용이 아니더라도 가능한 외부 마케팅 방법이 많으므로 꼼꼼하게 살피고 계획을 짜는 게 좋다고 말하고 싶다.

마케팅에 큰돈 쓰지 마라

병원 관련 마케팅 이야기가 나오면 항상 짝꿍처럼 붙는 단어가 있다. 바로 '높은 금액'이다. '어느 성형외과는 한 달에 마케팅에만 얼마를 쓴다더라(대부분 높은 금액에 놀란다)', '어느 병원은 어떤 업체를 쓴다더라' 등등…. 홍보를 하면 할수록 마케팅에 들어가는 금액이 계속 불어난다는 이야기는 개원을 준비하는 원장님이라면 분명 한 번은 들어본 경험이 있을 것이다.

왜 마케팅은 돈을 많이 투여해야 한다는 인식이 생긴 것일까? 나도 MSO로 컨설팅을 하던 초창기에는 여러 사람들로부터 마케팅은 돈을 많이 투여할수록 좋은 아웃풋(output)이 나온다는 이야기를 수도 없이 들었다. 하지만 내 생각은 달랐다. 당시는 한창 SNS 마케팅이 성행하던 시기였다. 인스타그램, 페이스북 등의 소셜 커머스를 볼 때마다 병원들의 홍보물을 하루에도 수십 개씩 접할 수 있었다.

나는 우리 병원에 정말 애정이 있었고 우리 병원만이 가진 장점을 명확히 인지하고 있었다. 그리고 그에 대한 프라이드가 충분했기에 많고 많은 숱한 SNS 속 병원 중 하나의 병원이 되고 싶지 않았다. 사실 그 당시 내가 세팅하던 병원은 흔치 않은 특수한 과목이라 여느 병원과는 달리 홍보가 좀 더 필요한 상황이기도 했다. 하지만 나는 홍보를 하더라도 모든 병원들이 뻔하게 하는 인위적인 SNS 바이럴 홍보보다는 리얼한 내원객들의 입소문

효과를 얻고 싶었다. 흔하지 않은 진료과목에 원장님의 진료 실력도 매우 훌륭했기에 자신이 있었고, 내원환자들의 소개 효과를 분명히 기대할 수 있는 병원이라고 확신했다.

병원을 확장하고 다른 과목들을 세팅하면서 규모를 키워가는 상황에서도 마케팅에 관한 내 생각은 늘 동일했기에, 어느 과목의 병원이든지 인위적인 SNS 마케팅에 큰돈을 지불하는 일 같은 것은 절대로 벌이지 않았다.

반드시 특수한 과목의 병원이 아니라 어떤 병원이라도 마찬가지다. 큰돈을 덥석 투자하기 전에 자연스럽게 입소문이 나게 하는 방법부터 고안해보길 바란다. 마케팅 업체를 끼든지 마케팅 전담 직원을 쓰든지, 비용을 들여서 하는 SNS 마케팅은 백이면 백 다 하는 마케팅이다. 그리고 그 결과물로 나오는 홍보 효과는 고객들도 이미 다 짐작하고 익히 아는 홍보 방식이다. 홍보를 무조건 하지 말라는 것은 아니다. 원장님의 진정성을 반감시키지 않고 환자들이 상업적으로 느끼지 않는, 각자의 병원에 맞는 홍보 방법을 빠르게 찾는 것이 매우 중요하다.

실력만 있으면 충분하다

나는 비용을 들여 홍보 마케팅을 해야만 환자들이 오는 것이 아닌, 저절로 입소문이 나서 환자들과 그 지인들이 모이는 병원을 만들고 싶었다. 현재도 마찬가지지만 당시 많은 바이럴 업체들이 홍보가 필요하지 않냐며 연락이 왔고, 무엇보다 대표원장님의 주변 원장님들이 왜 병원 홍보를 안 하냐며 의아해했다.

하지만 나는 의료진의 실력이 훌륭하고 환자가 병원에 정말로 만족한다면, 바이럴 마케팅이 없어도 병원의 좋은 소문이 나는 것은 얼마든지 가능하리라고 자신했다. 그런 생각으로 나는 초기에는 외부 마케팅보다는 내부마케팅, 곧 내실을 탄탄히 하는 것에 집중했다. 이런 내 생각은 다행히도 잘 맞아떨어졌고 병원은 금세 북적였다.

내실을 가져오는 마케팅 팁 3가지

당시 내가 우리 병원에 썼던 마케팅 방식이 있다. 그 팁을 여기 소개한다.

첫째, 내실을 먼저 다져라.

내실을 다진다면 외부 마케팅은 저절로 된다고 해도 과언이 아니다. 모든 마케팅에는 파이프라인이 존재한다. 말 그대로 고객들은 마케팅을 통해 파이프라인을 타고 우리가 설정한 곳으로 유입되게 된다. 그러므로 고객들이 최종적으로 도착할 파이프라인을 잘 만들어두는 것이 중요하다.

앞서 이야기한 우리 병원 마케팅의 최종적 파이프라인은 어디일까? 환자가 병원에 많이 찾아오는 것을 목표로 하고 외부 마케팅을 진행했다면 당연히 병원이 되어야 할 것이다. 외부 마케팅을 잘 진행해서 병원에 환자들이 갑자기 몰려오는데 병원 내부 시설이나 내부인력이 그만큼 뒷받침되지 않는다면, 그만한 경영상의 안타까움과 불균형도 없을 것이다.

둘째, 병원보다 원장님을 브랜드화해야 한다.

나 역시도 아무것도 하지 않은 것은 아니다. 나는 소문내는 주체를 병원이 아닌 원장님으로 정하고 원장님을 브랜딩하기로 했다. 평소 접했던 병원 홍보 문구들을 떠올려보면, 대부분 병원 진료과목이나 비용, 또는 서비스에 관한 것이 주를 이루었다. 이를테면 '○○ 진료가 특화된 병원'이라거나 '○○를 활용한 프로모션 기간' 또는 '10회 결재 시 ○회 서비스' 같은 사실을 알리는 내용의 홍보물이 대부분이다.

나는 여기서 초점을 진료과나 병원, 프로모션이나 서비스에 맞추지 않고 '○○○ 원장님'이 진료를 보는 병원임을 강조했다. 가격보다는 독보적인 프로그램과 진료방식, 진료 주체를 내세운 것이다. 병원 이름은 언제 바뀌야 할 이슈가 생길지 모른다. 또 구독자들이 헷갈릴 만한 비슷한 이름의 병원이 언제든 생길 수도 있고, 내가 모르는 어딘가에 존재할 수도 있다. 반면 원장님 이름 석자는 바뀌지 않고 계속 남아 회자될 수 있다.

셋째, 상업적으로 보이지 말아야 한다.

의료진의 기본 소양은 환자를 살리는 것이다. 환자는 병을 고치러 오는 것이다. 그리고 환자 고객들은 이를 대가로 그에 맞는 금액을 지불하는 것이다. 따라서 병원의 사명이란 병을 고쳐주는 것이 우선이지, 진료비 수입에 급급하는 것이 우선이 되면 안 된다. 그 선을 잘 지키면서 인식을 가져가야 한다.

친절이 목표였던 소박한 유튜브 채널이 어느새 20만 구독자 채널로

이런 나의 마케팅 철학을 이야기하면, 사람들은 어떻게 별다른 홍보 없이 새로운 환자들을 끊임없이 유지되게 했는지 묻곤 한다. 어떤 특별한 비법이 있는지 궁금하다는 것이다. 내가 쓴 방법은, 유튜브 채널 활용하기였다. 나는 그 방법으로 톡톡한 효과를 보았다.

그 덕분인지 우리는 유튜브 시작 4년 만에 구독자 20만 명의 당당한 실버버튼 채널이 되었다. 유튜브 채널 역시 아무 홍보를 하지 않았는데, 자연스럽게 바이럴이 되었다.

처음 유튜브를 시작할 때 우리는 거창한 것을 기대하고 시작하지 않았다. 그저 너무 멀어서 진료를 자주 받으러 오기 힘든 환자, 진료실에서 듣는 원장님의 이야기를 다 기억하지 못하는 분들을 위해 진료 내용을 정리해서 전달하는 것을 목표로 했다.

그래서 환자들이 일상생활에서도 원장님의 지침을 상기할 수 있도록 알기 쉽고 듣기 쉬운 내용으로 유튜브를 만들었다.

처음 유튜브를 만들면서 내가 제일 중요하게 생각한 것은 여전히, '상업적으로 보이지 않는' 것이었다. 아직 원장님을 만나보지 못한 환자들이 유튜브를 통해 다른 병원의 원장님과 다를 바 없는 비슷비슷한 의사 중 한 사람으로 인식하게 될까 봐 무엇보다 각별한 주의를 기울였다. 당시 우리가 유튜브를 시작할 때는, 유튜브 채널이 인기 플랫폼으로 한창 주가를 올리고 있던 때라 온갖 종류의 병원들이 모두 유튜브 채널을 시작하고 있었다.

그런데 그 많은 병원 유튜브 채널들이, 내 눈에는 하나같이 자기 병원의 시술이나 제품에 대해 홍보하는 목적이 너무나도 느껴졌고 환자들도 그런 병원의 목적성을 충분히 알 것이라 생각했다. 당시 우리 병원의 대표원장님은 실제로도 환자들을 먼저 생각하고 환자를 고치는 것에 사명감이 있는 분이었다. 돈보다는 환자를 먼저 생각하는 원장님임을 내가 누구보다 잘 알고 있었기에 혹시라도 유튜브 때문에 여타 다른 병원들처럼 보이신다면 안 하느니만 못한다고 생각했다.

그동안 유튜브를 알리려 홍보를 하거나 따로 한 것은 전혀 없었고 원장님과 그저 꾸준히 열심히 해왔을 뿐이었다. 나는 꾸준히 하면, 우리 콘텐츠와 콘셉트라면 분명히 잘될 것을 확신했다. 이렇게 시작한 유튜브가 어느새 10만이 되어 실버 버튼도 받게 되었고, 현재는 구독자 20만이 되었다. 내원객 중에서 소개로 오는 환자 외의 고객은 전부 유튜브를 보고 온다고 해도 과언이 아닐 만큼 유튜브는 매우 큰 역할을 하고 있다. 아울러 병원 홍보가 아닌 진정으로 기능의학이 무엇인지 환자들에게 알려주려 만들었기에 우리 병원에 처음 오는 신규 환자들이 이미 많은 부분을 공부하고 오는 이점도 있다.

마케팅에 정답은 없다

마케팅에 정해진 정도는 없다. 또 정답도 없다. 장사가 잘되면 마케팅을 잘한 가게이고 장사가 덜 되면 마케팅에 실패한 가게라는 결과만 있을 뿐이다. 그러나 환자 유입이 늘고 고객들이 잘 찾는 이유를 마케팅이 좌우하지는 않는다. 병원이라면 더더욱 그럴 것이다. 환자를 대하는 마음이 통하는 병원, 대표원장이 성심을 다해 환자를 가족같이 대하는 병원이라면 자연스럽게 바이럴이 되고 또 환자에게 정말 필요한 정보를 담아 전달하는 유튜브 채널이라면 자연스럽게 구독자가 늘 것이라 확신할 뿐이다. 모두 같은 마음으로 환자와 고객을 대한다면, 마케팅의 활성화는 저절로 딸려오는 덤이지 않을까.

내부에도
마케팅이 필요하다

직원들의 만족도가 곧 업무 성과로 이어진다

앞에서 나는 '마케팅이 무엇인가'에 대해 전반적으로 설명했다. 그렇다면 '내부' 마케팅은 어떤 것일까? 외부 마케팅이 모든 고객을 대상으로 우리 브랜드를 잘 알리고 매출을 늘어나게 하는 모든 활동을 말한다면, 내부 마케팅은 마케팅 대상자를 고객이 아닌 우리 내부의 직원을 상대로 한다. 우리 회사의 직원들이 업무를 더 효율적으로 잘하게 만드는 모든 회사의 활동을 말한다.

병원에서의 내부 마케팅 대상은 원장님을 포함해 간호사, 기사팀, 데스크팀 등 모든 파트의 직원들이 대상이다. 병원도 여타 회사와 마찬가지로, 아니 그 이상으로 내부 인력들이 중요하다는 것은 백번 말해도 과하지 않다. 직원들이 만족하고 좋은 기운과 에너지를 내뿜어줘야 병원 분위기가 좋게 유지되고 원내의 분위기도 좋아진다. 잘되는 병원은 분위기가 좋을 수밖에 없으며 좋은 분위기가 그대로 전달되어 환자들이 또 찾아오고 싶어지는 병원이 될 수 있다.

고객은 '제가 직접 해봤는데'를 더 신뢰한다

병원 계열에서 근무하는 직원들은 대체로 근속 기간이 길지 않다는 것은 이미 업계에서는 공공연히 알려져 있는 사실이다. 앞에서 이야기했듯이 신입직원을 위한 메뉴얼이라든지 언제든 들어올 신입직원을 위해 준비를 해두는 것도 좋지만, 무엇보다도 좋은 직원이 오래 함께 일하고 싶은 병원이 되는 것이 궁극적으로는 제일 좋은 방법이다. 물론 병원장이 의사로서 진료만 봐도 바쁜 것이 사실이지만, 원장이 조금만 신경 쓰면 직원들은 더 크게 만족감을 느낄 수 있고, 이것은 자연스럽게 좋은 직원들의 '장기근속'으로 이어져, 장기적으로는 병원에 큰 이익이 되어준다.

병원이 직원들에게 신경을 써줄 수 있는 부분은 어디일까? 나는 가장 편리하고 보편적인 방법으로, 병원 내에서 환자들에게 제공되는 프로그램이나 제품을 직원들에게는 아주 저렴하게 혹은 무료로 제공받을 수 있게 했다. 이는 역으로 생각해보면, 직원들이 병원의 프로그램이나 제품을 환자들에게 설명하고 제안하기 위해서라도 매우 필요한 일이기도 하다. 그들이 직접 충분히 체험하고 알아야, 더 많은 환자들에게 구체적이고 확실하게 설명과 제안, 소개를 할 수 있기 때문이다.

어느 병원에 가든지 해당 병원의 진료 프로그램이나 해당 병원이 제안하는 제품 등을 소개받았을 때 직원들의 답변이 "다들 써보고 좋다고 하세요"라고 하기보다는 "제가 직접 해봤는데 너무 좋아요"가 훨씬 신뢰할 수 있기 때문이다. 따라서 가능한 선에서 병원의 프로그램을 직원들이 맘껏 체험하게 권장하고 환자들에게 본인의 경험으로 직접 추천할 수 있도록 만들어주자.

이것 이상으로 직원들에게 좀 더 신경을 써주고 싶은 원장님이라면 모든 직원이 다 같이 참여할 수 있는 소소한 이벤트를 간혹 기획해볼 수도 있다. 2022년 카타르 월드컵, 16강 진출의 성패를 판가름할 우리나라와 포르투갈의 축구경기가 있던 날이었다. 우리 병원에서는 경품을 걸고 다 같이 스코어 맞추기를 했다. 이런 사소한 이벤트 하나로 직원들은 모두 너무 재미있어 했고 원장님과 나도 다 같이 한 마음이 되어 응원하는 기분이 들어 매우 뜻 깊은 시간이었다. 그 외 날이 추워지면 핫팩 구비해주기, 장마철에는 퇴근길 우산 지원 등 생각보다 대단한 이벤트는 아니지만 직원들에게 세심하게 신경을 써주었을 때 직원들의 피드백은 아주 좋았다.

병원도 대기업처럼 인센티브를 지급하자

나는 병원 경영도 대기업처럼 얼마든지 인센티브 제도를 도입할 필요가 있다고 생각한다. 어느 직군이나 마찬가지겠지만, 직원들 가운데는 내가 좀 더 많이 일하고 더 많이 받아가고 싶은 이들이 분명히 있을 것이고, 현재 본인의 급여 수준이 생활하기에 매우 부족한 직원도 있을 수 있다. 이때 본인이 더 일한 만큼 급여 외에 조금 더 소득을 가져갈 수 있도록 한다면 업무 성과도 올라가고 직원들의 복지에도 큰 도움이 될 수 있다. 따라서 나는 병원에도 성과제도를 도입하길 적극 권한다.

만약 병원이 어느 정도 규모가 있다면, 각 부서별로 성과에 맞추어 KPI(Key Performance Indicator: 핵심성과지표)를 설정하는 것이 제일 좋은 방법일 것이다. 종합병원급 정도의 규모가 있는 병원에서는 이미 대기업과 같이 부서마다의 세부 성과율을 정하고 그에 맞는 인센티브를 지급하고 있다.

현재 일반적인 개인 의원급의 병원에서 흔히 볼 수 있는 직원 평가 방식은 친절직원 스티커 붙이기나 고객의 소리함 같은, 고객들의 손에서 결정되는 것들이 대부분이다. 이런 방식은 고객과 직접 응대하는 데스크 쪽 직원들로만 대상이 국한될 수 있어 뒤쪽에서 일하는 파트의 직원들에게는 공정하게 적용되지 못한다. 게다가 고객의 평가가 객관성을 담보하는 것도 아니어서, 성과급의 기준을 판가름하는 데 활용되지 못하는 경우가 다반사다.

내 생각에 직원들의 서비스 수준을 기반으로 하는 제일 적합한 성과제도 방법은 내원객들이 집으로 돌아간 뒤에 추후 발송하는 고객만족평가지이다. 이때는 평가 항목을 구성하는 것도 모든 파트가 빠지지 않도록 작성해야 한다. 이를테면 데스크 직원에 해당하는 평가, 주사실이나 처치실의 만족도, 휴게 공간이나 대기실에서의 만족도까지, 전 직원들의 업무 파트가 평가 항목에 들어가도록 해야 한다. 그래야 고객들이 전 직원을 상대로 만족도를 표시할 수 있게 되고, 이렇게 해야 전 직원들에게 고른 성과방식을 제공할 수 있게 된다.

그 외 병원에서 판매하고 있는 제품이 있다면 추천 직원 제도를 만들 수도 있다. 이를테면, 이번에 새로 론칭한 관리 프로그램에 어느 직원을 추천해서 시술받게 한다든지, 어느 직원이 다음 분기에 환자 추천 프로그램의 수혜자가 되는지 등을 직원들끼리 직접 추천해서 정하게 하는 것이다. 그 외에도 우리 병원의 규모와 방식에 따라 더 다양한 방식의 성과제를 생각해볼 수 있을 것이다.

원장님의 진료 스타일도 중요하다

원장님들의 진료 스타일, 곧 진료 방식은 환자의 만족도에서 아주 중요한 부분을 차지한다. 나는 병원장님과 함께 병원을 경영하면서 몇 가지 원장님의 의견을 최우선으로 존중해 드리는 부분들이 있는데, 바로 진료에 관한 것들이다. 진료실 내의 프로세스 만큼은 내가 의사가 아니기에 당연히 원장님의 의견이 우선적으로 고려되어야 한다. 하지만 진료 내용은 내가 터치할 부분이 아니라도, 진료를 보는 스타일 만큼은 분명히 체크되어야 할 부분이다.

나도 그동안 수많은 원장님들을 인터뷰하고, 병원장님과 여러 원장님들을 함께 고용하고 관리해왔다. 그렇다 보니 원장님들마다 개개인의 진료 스타일이 다 다르다는 것도 충분히 인지하고 있다. 요즘은 의사들도 자기 PR 시대다. 앞에서 강조했듯, 자기 브랜딩 필수인 시대인 것이다. 이제는 원장님들도 환자들을 끌어당기는 매력이 있어야 환자들이 끊이지 않는다.

나도 환자로서 병원들을 다니다 보면 원장님 때문에 그 병원에 다시 가고 싶지 않은 경우가 적지 않았다. 예를 들면, 남자 원장님에게 진료를 받다 보면 간혹 (원장님들은 전혀 눈치 채지 못하는 부분에서) 여자 환자로서 불편함을 느끼는 상황이 있을 수 있고, 원장님이 (원장님 딴에는 친절하게 대해주려는 마음에서) 지나치게 개인적인 부분을 묻는다는 느낌을 받을 수도 있다. 때로는 진료 시 설명이 너무 길거나 반대로 너무 짧아도 환자 입장에서는 다시 찾아오지 않게 되는 병원이 될 수 있다.

물론 이런 부분은 환자 입장에서도 원장님 입장에서도 반드시 객관적으로 바라보도록 노력하고, 서로가 더 나은 방향으로 개선시키도록 하는 것이 제일 중요하다. 환자들이 먼저 불만족스러운 부분을 대놓고 원장에게 전하거나 병원에 알려주길 기다리고 있다면 이미 한참 늦었다. 대부분의 불만고객은 대놓고 의견을 표하지 않는다. 다시 오지 않을 뿐. 더더욱이 환자는 자신이 진료받는 원장에 대해 쉽게 이야기를 꺼내지 않는다. 환자가 어느 부분에서 불편해하는지, 원장님의 어떤 방식 때문에 환자가 이런 불편함을 느끼는지 등을 진료실 바깥에서 다양한 방법으로 꾸준히 의견을 받을 수 있도록 노력해야 한다. 내원객 대상의 고객만족도 조사라든지, 어느 정도 유대감이 있는 고객이라면 충분한 대화와 관심을 통해 불편함이 먼저 캐치할 수 있도록 해야 한다.

좋지 않은 문화는 빠르게 없애자

내가 맨 처음 병원을 업무의 장소로 접했을 때 느낀 바는 간호사들 사이에 좋지 않은 문화가 존재한다는 사실이었다. 흔히 '태움'이라고 불리는 문화가 그것인데, 이들은 신입 직원에게 유독 빡빡한 잣대를 들이밀며 더 혼을 내고 분위기를 무겁게 만들곤 했다. 내가 경영을 맡으면서 부임한 병원도 마찬가지였다. 이런 문화가 병원 전체 분위기를 삭막하고 밝지 못하게 만들고 있었다.

어느 날, 병원을 둘러보는데 밝게 웃고 있어야 할 데스크 직원이 세상 침울한 표정으로 업무에 집중하지 못하고 있는 모습이 보였다. 이유를 알아보니 업무 중 유니폼 주머니에 초콜릿을 넣고 있었다는 이유로 간호실장에게 크게 혼이 났다는 것이다.

나를 당황스럽게 만든 일은 또 있었다. 다른 직원 하나는 업무시간에 동료들과 웃으며 인사를 나눈 일로 역시 간호실장에게 주의를 듣고 혼이 났다는 것이다. 나는 도무지 이 상황이 이해가 되지 않았다. 물론 업무 중에 잡담을 나누는 것은 지양되어야 하고 군것질을 하는 것도 좋지 않다. 그런데 직원으로서 열심히 환자들에게 안내를 하다 보면 급하게 당 충전이 필요할 수도 있고 직원 간에 오가는 적당한 수다는 좋은 업무 분위기를 형성할 수도 있다. 나조차도 일할 때에는 가끔씩 단 것이 필요하고 우울해 보이는 직원에게는 업무 중에도 일부러 말을 걸 때도 있다.

그런데 이 병원의 간호실장처럼 어떤 경우인지 파악조차 하지 않고 다짜고짜 혼부터 낸다면 그렇게 망가진 분위기는 어떻게 회복할 것인가? 직원들은 속으로 억울해하다가 점점 수동적으로 변할 수밖에 없다. 나는 그 일을 계기로 곧바로 간호실장을 보직 변경시켰다. 간호실장이 공석이 되면서 공백이 생긴 직원관리는 내가 직접 했고, 그렇게 몇 개월을 보내면서 직원들 중 나이보다 포용력이 좋고 단호함도 있는 친구들 몇을 눈여겨 봐 두었다가 그중에서 팀장을 선출해서 직원 관리를 맡도록 했다.

병원은 시술의 종류를 떠나 작은 실수가 큰 사고로 이어질 수 있는 곳이다. 그래서 엄격한 규율이 필요하다. 나도 이런 사실을 당연히 알고 있기에 이런 문화를 전혀 이해하지 못하는 것은 아니다. 하지만 직원들을 과도하게 혼내고 분위기를 살얼음판처럼 삭막하게 가져가야 경각심이 생기는 것이 아니다. 정해놓은 업무 규율은 꼭 지키자는 서로의 약속을 항상 기억하고 지키도록 하는 것이 건강한 경각심으로 이어지는 것이 아닐까?

이 일로 내가 얻은 결론은 두 가지다. 사내의 좋지 않은 문화는 관리자가 반드시 일의 내막을 알아내고 없애야 한다는 것. 게다가 그 일은 빠르면 빠를수록 좋다는 것.

잘못한 책임을 묻는 규칙도 필요하다

앞에서 나는 직원들이 잘한 부분에서는 성과제도를 만들어 충분한 보상을 하라고 했다. 그렇다면 반대급부로, 당연히 지켜지지 않았을 때의 디메리트도 설정해두어야 한다. 나는 다 같이 지켜야 할 규칙을 만들 때에는 더욱이 팀장과 직원들의 의견을 최대한 반영하길 권한다. 그래야 그 규칙을 지키지 못했을 때 어떤 패널티나 디메리트를 받을지를 직원들 스스로 수용할 수 있게 되기 때문이다. 지켜야 하는 규칙뿐 아니라, 이를 어겼을 때 받을 손해까지 본인들이 스스로 설정해야 규칙을 더 확실히 지킬 것을 다짐할 수 있고, 디메리트에 대해 부당하다는 생각을 갖지 않을 수 있다.

많은 직원들을 관리하면서 지내다 보면, 병원에 지각하는 사람은 거의 정해져 있음을 알게 된다. 우리 병원에도 지각하는 직원들이 적지 않았다. 매번 왜 늦었냐 물어도 이유는 항상 같았다. 늦는 사람 입장에서야 나름대로 매번 타당한 이유가 있다. 버스를 놓쳐서, 오늘따라 출근 지하철에 사람이 많아서 몇 대 거르는 바람에, 지하철이 감속 운행하는 바람에 등등. 이런 이유를 듣고 나는 이해한다 해도 동료들에게서 생기는 불신감까지는 내가 해소해줄 수 없었다. 집이 먼 것은 개인의 사정이지 특혜받아야 할 이유가 되지는 않는다. 이런 일이 반복되다 보니 직원들 사이에서도 서로 말하면 불화가 생길까 싶어 같은 팀끼리는 더욱이 말도 못하고, 잘하는 직원이 오히려 억울함만 점점 늘어나는 모양새였다.

나는 직원들과 회의를 열어 직원들의 의견을 모아 지각에 대한 상벌 규칙을 만들었다. 지각할 때마다 벌금을 내고 월말에 그 벌금으로 다 같이 간식을 먹거나 맛있는 점심을 먹기로 한 것이다. 또한 병원에 가장 일찍 출근한 직원을 분기별로 헤아려, 횟수가 가장 높은 직원을 포상하는 제도도 함께 만들었다. 이렇게 규율을 정하고 나니 지각하는 인원이 현저히 줄어들고 직원들의 불만도 해소될 수 있었다.

잘못된 부분을 매번 지적하고 혼내는 일은 학교에서나 하는 행위다. 사회생활에서는 스스로가 통제하고 지키는 규준이 마련되어야 한다. 그리고 그런 분위기와 규준이 마련되기만 한다면, 스스로 지키는 분위기가 자연스럽게 조성되고, 그것이 곧 조직 문화로 확장될 수 있다. '좋은 게 좋은 것'이란 말은 틀렸다. 좋은 것은 좋고, 잘못된 것은 잘못되었고, 또 바로잡아야 할 것은 바로잡아야 건강한 조직이 운영될 수 있다.

병원 확장 시기를 정확히 알고 대비하라

기분 좋은 고민이 시작되다

개원 후 병원이 점점 잘 되어가면 환자들이 많아지기 시작한다. 그렇게 되면 진료과목, 검사항목이 늘어나면서 자연스럽게 의사가 부족해질 수 있다. 그리고 환자가 늘어남에 따라 대기 시간이 길어지고, 예약이 가능한 날짜가 뒤로 밀리기 시작하면서 여러 컴플레인이 발생하기 시작한다. 예약제가 아닌 경우에는 혼란이 더욱 가중된다. 병원은 늘 환자로 북적이고, 데스크는 대기 환자로 정신없다. 환자 증가에 따른 대비책이 마련되지 않아 데스크뿐 아니라 이제 대기 공간, 시술 공간까지 복잡해지기 시작한다.

이런 혼란이 늘어난 진료과목과 검사항목을 병원 규모가 따라가지 못해 일어난 것이라면, 이제는 이 부분을 확장하는 문제와 더불어 물리적 공간을 확보해야 하는 심도 깊은 고민이 시작된다.

이때는 대표 원장의 성향에 따라서 고민의 방향이 결정되기 마련이다. 진료과목과 검사항목을 확장하는 데 보수적인 원장님이 있는 반면, 환자들의 성화에 확장을 얼른 해야 하나 고민하는 원장님도 생기기 마련이다. 그러나 후자의 경우에도 병원의 물리적인 공간, 직원 충원하는 부분, 더 나아가 의사를 충원해야 하는 문제까지 그 시기와 적정 인원수를 놓고 고민하는 일을 피할 수는 없다.

그렇다면 적절한 병원 확장의 시기를 가늠할 수 있는 지표와 확장에 앞서 미리 고려해봐야 하는 요소는 무엇일까? 이와 관련해 내가 경험하고 추진했던 방법을 소개하고자 한다.

내실과 외실의 확장을 동시에 고려하라

피부과나 성형외과는 물론이고 내가 주로 경영 관리해왔던 병원 역시도 진료과목이나 검사항목의 확장 같은 내실의 확장과 대기실이나 시술실 같은 물리적인 공간의 확장(외실)이 동시에 이루어져야 하는 곳들이다. 특히 병원에 내원하는 환자가 많아지면 그만큼 원장이 봐야 하는 증상의 범위도 넓어지고, 이에 따라 진료과목 확장이 불가피해진다. 그리고 진료과목의 확장은 자연스레 검사항목의 확장으로 이어진다.

이때는 우선 새로운 진료과목의 공간 확보가 필수다. 진료를 보는 공간과 환자가 대기하는 공간이 동시에 필요해지므로, 이런 시점에는 병원이 있는 건물의 층을 더 임차하거나 병원을 아예 이사하는 것도 고려해야 한다.

확장 전에 동선 체크는 반드시 하고 넘어가자

확장을 하기 전 병원이 너무 북적인다거나 대기 시간이 길어진다든가 하는, 앞에서 언급한 공간의 한계에 의한 컴플레인들이 들려온다면 병원에서 이루어지는 환자들의 여정을 꼼꼼히 체크할 필요가 있다. 환자들의 동선이 너무 꼬인 경우 이를 효율적으로 재조정하는 것만으로도 이를 해결할 수 있기 때문이다.

검사 순서에 따라 동선이 잘 배열되어 있는지, 대기하는 환자와 검사 또는 진료를 받으러 가는 환자가 같은 공간에서 이동하는 바람에 겹치지는 않는지, 진료를 보고 데스크로 나오는 환자의 마지막 동선을 어디로 해야 가장 원활한 환자의 흐름을 만들 수 있는지 등을 체크하다 보면, 병원에서 오작동되고 있는 동선을 발견할 수 있다. 내 경험상, 동선만 바꿔도 이전처럼 대기가 발생하거나 환자들끼리의 혼잡을 막을 수 있는 경우가 많았다. 만약 동선이 좋지 않아 발생된 컴플레인이 맞다면 동선을 조절하여 해결하면 된다.

반면 초기 공간이 효율적으로 설계되지 않았거나 그 이후 용도가 바뀐 탓에 동선이 비효율적으로 된 경우도 있다. 이때도 당장 확장을 하지 않아도 된다. 이 경우엔 현재 동선과 쓰임에 맞게 같은 공간에서 인테리어를 바꾸어 원활한 흐름을 꾀할 수 있게 한다. 검사기기의 위치, 복도에 놓인 의자의 배치, 대기실의 소파 크기 등을 조정하는 것으로도 공간이 효율적으로 바뀔 수 있다.

예약 취소율에 따라 확장 여부가 결정된다

우리 병원이 확장을 고민하게 된 결정적인 이유는 환자들이 병원에 예약하려면 2년 이상이 걸리게 되어, 더 이상 신규 환자를 받지 못하는 상황에 봉착하고부터였다. 긴 시간을 기다려야 하는 환자들에게 죄송한 마음이 큰데, 아예 예약조차 안 된다는 말을 건네려 하니 이게 정상적인 상황이 맞나 하는 의구심마저 들었다. 오지 못하는 환자들이 안타깝기도 할뿐더러, 병원 입장에서 잠재고객을 놓치는 일이 되어버리니 아쉽기도 했다.

그래서 병원이 확장 여부를 고민해야 하는 기준은 예약률이 아니라 '예약 취소율'이 된다. 치솟는 예약률이 확장을 결정하는 게 아니라, 병원 앞에서 발길을 돌리는 환자의 수와 대기 기간 때문에 기존 예약을 취소하는 환자의 수가 이를 결정한다는 것이다.

이때는 대기 환자가 늘어나는 가장 큰 원인이 무엇인지부터 살펴봐야 한다. 물리적으로 환자수가 늘어나는 것인지, 아니면 그 외 다른 이유 때문에 환자가 밀리는 것인지에 따라 처방이 달라지기 때문이다.

당시 우리 병원의 대기 시간이 길어진 이유는, 원장님의 지나치게 긴 진료 시간 때문이었다. 한 환자당 30분은 기본이고 1시간 넘게까지 진료를 보곤 했다. 한 환자당 1시간씩 진료할 경우, 하루에 볼 수 있는 환자는 10명이 채 안 될 수도 있다. 그렇게 하면 병원의 정상적인 운영은 불가능하다. 그래서 나는 환자 1인당 소요되는 진료 시간을 조율하도록 원장님께 제안했다. 이는 형평성을 위해서라도 환자들에게 매우 공정한 일이었다.

원장의 진료 시간 때문에 대기 시간이 늘어나는 경우에는 원장님이 이 부분을 반드시 인지하고 진료 방식을 조정해야 한다. 게다가 길게 본다고 해서 내원 고객에 대한 서비스가 무조건 비례하는 것도 아니다. 그러나 이렇게 원장님의 진료 시간에 맞게 적정한 환자수를 조정했는데도 하루에 적정선의 환자 수를 계속 넘기고 예약 고객이 쌓여간다면, 이때는 내실의 확장을 고민해야 한다. 이 시기가 바로 페이닥터 채용, 직원 추가 채용, 물리적 공간 확보 등을 총체적으로 고민해야 하는 때다.

확장하지 않고 대기 이슈를 해결하는 방법

앞에서 내실의 확장을 고민해야 하는 기준을 말했다. 그러나 페이닥터 채용, 직원 추가 채용, 물리적 공간 확보 등의 총체적인 확장으로 이어져야 문제가 해결되는 경우는 그다지 많지 않다. 물론 초기 개원 시 지나치게 협소한 장소에서 시작한 경우는 예외로 하더라도, 기본적인 병원의 공간이 확보된 경우라면 대기 이슈를 해결할 수 있는 방법이 있다.

병원에 환자가 많아지고, 어느 순간 2시간 대기가 기본인 병원이 되고, 몇 달 심지어는 2년 가까이 기다려야 예약을 할 수 있는 상황이 되었다면 대기 중인 고객들의 만족도에 신경을 써야 한다. 내 경우 직원들과 함께 환자들에게 더 나은 서비스를 제공하려고 노력했다. 대기실을 카페처럼 꾸며 안락한 공간이 되도록 했고, 리클라이너 같은 안마 소파 등을 비치해 심신을 안정할 수 있도록 도왔다. 또한 대기 시간에 환자가 멍하니 앉아 있게 하기보다는 우리 병원에 대한 정보 전달의 시간이 될 수 있도록 활용했다. 병원 정보가 담긴 스마트탭을 비치하고, TV를 틀어두기보다 병원 영상을 볼 수 있도록 하는 등 기다리는 시간이 지루하지 않고 '즐기는' 시간, 환자에게 원내 프로그램 등이 자연스레 홍보될 수 있는 시간이 되도록 유도했다.

그러나 이런 서비스를 제공하면서도 하루에 찾아오는 환자들의 수를 줄이지는 않았다. 대기실에 환자들이 꽉 들어찬 상태에서 원장님은 적정한 진료 시간에 맞추어 환자를 보았고, 이런 내 방침과 뜻을 다행히도 잘 받아들여 주셨다. 환자가 유독 몰린 날에는 몇 시간 늦게 퇴근할지언정, 최대한 예약자는 당일 진료를 보는 원칙을 지켰고, 응급으로 찾아오는 환자들도 가능한 최대한 진료를 다 보는 원칙을 고수했다.

확장을 마케팅의 큰 기회로 삼아라

대기실 서비스를 높이고 적절한 진료 시간을 배분하여 운영하는 데도 확장하지 않고는 안 될 정도로 환자수가 늘어날 때는 과감히 확장을 단행해야 한다. 단 확장을 할 때는 이를 '마케팅'에 반드시 활용해야 한다. 이를 위해, 확장 전 대기 줄 사진이나 대기실 사진 등을 미리 찍어둔다. 하루 방문 환자수를 그래프로 만들어 데이터화해놓는 일도 필수다.

확장 전과 확장 후 사진을 마케팅에 활용하는 것을 넘어서, 확장 자체를 리브랜딩 기회로 삼는 방법도 있다. 내가 경영 관리를 해온 병원의 확장을 계획할 때 썼던 방법이 바로 이것이었다. 나는 당시 경영 관리해오던 병원의 확장을 계획하면서 1년 전부터 미리 뛰어난 마케팅 회사와 함께 리브랜딩을 진행했다. 내실과 외실의 확장뿐 아니라, 병원의 브랜딩 자체를 탈바꿈하는 확장을 꾀한 것이다. 이 덕분에 인테리어와 병원 브랜드 부문으로 전 세계 3대 디자인상인 레드닷(reddot) 상을 비롯해 'A'Design Award', 'ASIA DESIGN PRIZE' 상 등을 수상했다.

특히 호스피탈리티(hospitality) 부문의 수상은 전 세계에서 우리 병원 단 한 곳이 차지했다. 브랜딩도 인테리어도 오랜 기간에 걸친 쉽지 않은 일들이었지만 그 과정은 매우 즐거웠고, 나와 직원 모두 같이 성장하는 계기가 되어 무척 보람된 시간이었다. 이후에도 우리 병원은 좋은 성과가 꾸준히 이어지면서, 팀원들과 여전히 뿌듯해하며 기뻐하고 있다.

병원 확장은 다양한 변수를 모두 고려하고 체크한 뒤에 실행해야 한다. 내실과 외실을 모두 체크하고 우리 병원에 정말 필요한 일인지를 결정한 뒤에 실행해야 실패 확률을 줄일 수 있다.

매출 관리와
세무 전략은 필수다

매출 관리가 곧 '매니지먼트'다

병원의 성공적인 운영과 관리를 위해서는 매출을 꾸준히 상승시키는 것을 넘어서 이를 잘 운용하는 것까지 신경 써야 한다. 특히 병원은 개인사업자이면서 고소득 자영업자이므로 세무서에서 소득을 항상 주시하는 업종임을 기억할 필요가 있다. 따라서 매출, 세금 부분을 초반부터 세심히 관리하는 것이 좋다.

물론 이제 막 개원을 하고 진료를 시작하는 원장님이라면 당장은 진료와 매출 관리 등에 정신이 없을 것이다. 그러나 병원도 사업인 만큼 첫 단추가 중요하다. 처음부터 제대로 시작하고 관리해야 이후 병원의 확장 시기에도 혼선이 빚어지지 않을 수 있다.

가장 중요하면서도 제대로 지키기 힘든 기본 중의 기본은 명세표 관리다. 여러 세무사 사무실의 이야기를 들어보면 대부분의 병원이 처음부터 제대로 신경 쓰지 않다가 세금 신고 기간이 되어서야 그동안 받은 업체들에 명세표를 다급히 요청하느라 고생하는 경우가 많다고 한다. 또한 담당 세무사가 알아서 해주겠거니 하는 마음에 믿고 맡겨놓은 채 세부적인 내용은 신경을 쓰지 않는 원장님들이 대부분이라 매출과 세무 관리가 제대로 되지 않는다고 한다.

물론 원장님이 반드시 세무 관련 내용을 공부할 필요는 없다. 하지만 세무조사 등의 큰 이슈를 막기 위해서는 평소 관리를 잘 해두고 꼼꼼하게 체크하는 것이 가장 현명한 방법이다.

첫 단추를 잘 끼워야 편하다

세무 부분은 가능한 초반부터 잘 챙기는 것이 가장 좋다. 해당 신고 기간이 지나고 나면 다시 정리하기도 어렵고, 수정해서 재신고를 하는 것 역시 쉽지 않기 때문이다. 게다가 병원은 과목에 따라 다르지만 매출 종류가 다양하고 여러 업체에서 자금이 나가고 들어오기 때문에 초반부터 잘 관리되지 않으면 나중에는 정리하기가 아주 어려워진다. 대표원장이든 관리직원이든 아무리 진료가 중요하고 정신이 없어도 새는 돈은 없도록 누군가는 제대로 관리하고 체크해야 한다.

나도 이전에 관리하는 병원의 세무를 뒤늦게 들여다보았을 때, 너무 막막할 정도로 정리되어 있지 않아 당황한 경험이 있다. 결국 당시 담당 세무사를 설득해 해당연도 것까지는 다시 정리해보는 것으로 하고 그 전년도의 내용들은 아쉽지만 정리하는 것을 포기해야 했었다. 조금만 일찍 보고 관리할 수 있었다면 누락되는 신고분이 없도록 하고 세금도 훨씬 줄일 수 있었을 텐데 하는 아쉬움이 남는 경험이었다.

그 이후에도 당시 세무 정리를 처음부터 제대로 하지 못했던 병원의 재무제표를 떠올릴 때면 초기에 잘 관리되지 못한 부분들이 머릿속에 떠오르곤 했다. 그래서 이때의 경험을 자산 삼아, 매출 관리는 철저히 하는 원칙을 반드시 고수하고 있다. 병원 매출이 높아질수록 세금이 높아지는 것은 불가피하다. 그러므로 개원 이후에는 매출과 세금을 어떻게 관리할지, 담당과 책임은 누구에게 맡길지를 정확히 정해두고 제대로 관리해야 한다.

세무사 의견은 참고일 뿐 결정권은 병원장에게 있음을 명심하자

일반적으로 막 개원한 의원이나 클리닉의 경우 경리직원을 뽑지 않고 간사가 대신하거나 세무사에 모든 내용을 일임하는 경우가 많다. 하지만 내 경험에 의하면 관리는 어디까지나 내부에서 이뤄지는 것이 맞다. 세무사의 의견은 참고만 할 뿐 결국 결정권은 병원장이 가져야 한다.

세무 관리를 하다 보면 답은 없지만 더 나은 방법으로 결정해야 하는 상황이 꽤 자주 생긴다. 이런 경우에는 원장이 어느 정도 세무에 대한 이해도가 있는 것이 큰 도움이 된다. 세무사 사무실마다, 그리고 세무사마다 스타일이 다르기에 같은 상황에서도 제대로 된 방식을 알려주면서 안전한 것을 최우선으로 하는 세무사가 있고, 묘수를 쓰면서 피해 가는 방식을 권하는 세무사도 있기 때문이다. 만약 이때 원장이 세무에 대한 지식이 전무하다면, 세무사들에게 결정권을 넘겨주는 수밖에 없게 된다.

물론 대표들마다 경영 스타일이 다른 것처럼 세무사의 방식 또한 어떤 것이 맞다고 정답을 확언할 수는 없다. 그러나 나는 무조건 '정석의 방식'을 따르길 추천한다. 그리고 무엇보다 어떤 방식이 맞는지 틀린지, 정석의 방식이 무엇인지 구분하기 위해서라도 원장 또는 믿을 수 있는 관리직원이 어느 정도의 세무 지식을 갖는 것이 필요하다고 생각한다.

경영을 하다 보면 자연스럽게 세무에 관한 지식이 쌓이는 부분도 크지만 나는 초반에 세무사들을 자주 괴롭혀가며 직접 배웠다. 덕분에 내가 관리하는 병원은 매출은 계속 늘어나도 세무조사를 받거나 이와 비슷한 이슈조차 없었고, 오히려 매년 세금이 없거나 오히려 환급받고 있다. 내가 경영 관리하던 병원도 초창기에 비해 경리팀원이 3명으로 늘어날 정도로 세무 관련 부분만큼은 직접 신경 쓰고 진행해왔다.

세무사만 믿지 마라

병원 개원 초기만 해도 나 역시 우리 병원이 계약한 세무사를 전적으로 믿고 의지했다. 하지만 내가 공부하고 알아갈수록 '그렇게 하면 안 되는구나'라는 것을 깨달았다. 당시에는 모르는 부분이 많았기에 당연히 어쩔 수 없었지만, 시간이 지나면서 세무 상식과 지식을 알게 되면서부터는 세무사만 믿지 않고 나 역시 꼼꼼하게 체크를 하고 있다.

앞에서 말했듯, 세무사마다 스타일이 다르고 나에게 어떤 방식을 권유하는 것인지조차 구분하려면 내가 직접 체크하고 알아야 할 것들이 있다. 대부분의 세무사들이 자기 일처럼 책임감 있게 해주겠지만, 때로는 본인들이 일을 편하게 하는 것을 우선시하는 곳도 있기 때문이다. 그러므로 일을 100퍼센트 맡기고 놔두지 말고 내가 거래하는 세무사가 어떤 방식으로 세무 관리를 하는지 파악하고 맡겨야 한다.

만약 개원이 처음이고 내가 직접 세무사를 골라야 한다면 병원 전문 세무사를 쓰는 것이 좋다. 내가 세무 관련 일을 배우면서 세무사 업무를 살펴보고 세무사와 같이 운영을 해나갈 수 있기에 이 방법을 추천한다. 그러나 이 경우에도 전적으로 세무사에게만 맡겨서는 안 된다. 세무든 경영이든, 병원을 제대로 운영하기 위해서는 병원 내부 인력 가운데에서 자체 역량을 키워야 한다. 번거로워도 설명해달라 요청하고 더 자세히 듣고 이해하려 노력하길 바란다.

한 명의 세무사가 오로지 우리 병원만을 담당하지는 않는다. 그러니 많은 병원(업체들) 중 우리 병원을 조금이나마 더 신경 쓰도록 만드는 일도 중요하다. 자료를 넘길 때에도 그냥 넘길 것이 아니라, 각 부서에서 모든 업체의 명세서를 항상 모아둘 수 있도록 하고, 실 청구 금액과 맞는지, 실수하기 쉬운 현금 매출의 누락분은 없는지 등을 정확하고 꼼꼼하게 체크한 뒤 세무사에 자료를 넘겨준다면, 해당 세무 사무실에서도 그 병원을 기억하고는 한 번 확인할 자료도 두 번 세 번 확인하게 될 것이다. 병원의 이미지를 꼼꼼하고 깐깐하게 만드는 일은 매우 중요하다.

병원 관련 세무 이슈를 지속적으로 체크하라

나 같은 경우 세무사들과 자주 소통하고 가능한 미팅도 주기적으로 하려 하는 편이다. 현재 우리 병원의 상황이나 매출에 맞추어 더 좋은 방식이 있지는 않은지, 근래 병원업종의 세무 이슈는 무엇이고 바뀐 제도는 없는지 등을 지속적으로 묻고 체크한다. 내가 아무리 세무적인 부분을 잘 이해하고 있다 해도, 지속적으로 변화하는 세무 이슈를 빠르게 아는 것은 세무사들을 따라갈 수가 없다. 항상 관심이 있고 정보를 주길 바란다는 메시지를 정확히 전달해두면 몰라서 못 받는 세제 혜택, 더 좋은 관리 방식 등을 추천받을 수 있다.

매출/매입 관리는 정석대로!

병원은 매달 수많은 거래처들과 매입과 매출이 발생하는 곳이다. 매입의 경우, 원내 장비들의 리스(임대) 비용과 같이 매달 자동으로 나가는 부분과 매달 명세서를 확인하고 입금해야 하는 업체들이 있고 그 빈도수가 간헐적인 업체들도 있다. 나는 앞서 말했듯 자금 운용에 관련된 일은 무엇보다 정석적인 방법을 지향하며, 또한 관리해놓은 자료들에 대해 언제 올지 모르는 세무조사에서도 준비가 잘 되어 있는 것을 가장 중요하게 생각한다.

그렇다면 어떤 방식으로 매입 관리, 매출 관리를 하는 것이 가장 효율적이고 안전할까? 더욱이 운영을 하다 보면 매입, 매출분 모두 몇 달, 몇 년 이후에라도 해당 자료를 찾아야 할 경우가 종종 생기는데, 이때 어떻게 관리해두어야 필요한 자료를 쉽고 빠르게 찾을 수 있을까? 병원 중에는 아직도 수기로 매출, 매입을 관리하고 있는 곳들이 꽤 있다. 이런 업체들의 경우, 필요한 자료가 있어도 모아두었던 종이 서류를 일일이 꺼내서 찾아야 하므로 효율도 떨어지고 또 누락의 위험성도 상존한다. 그래서 매입, 매출 자료는 반드시 파일로 저장해서 관리하는 게 좋다. 그래야 검색도 용이하고 보관도 안전한다.

실제 나는 관리하던 병원에서 5~6년 전 매출입 내용을 찾아봐야 했던 경우가 자주 있었다. 갑자기 주사제나 검사체 업체에서 당시 결제가 안 되었다며 몇 해가 지난 시점에 명세서를 뜬금없이 보내오는 경우가 종종 있기 때문이다. 당시 돈이 어떻게 나갔는지 내역이 있다면 빠르게 대응이 가능하지만, 수기로 쓴 매출전표가 누락되었거나 보관이 안 되어 있다면 여간 골치 아파지는 게 아니다. 전산화가 필수인 이유가 여기에 있다. 그래서 나는 매입/매출 관리를 더 효율적으로 할 수 있도록 경비관리 프로그램을 사용하길 추천한다. 요즘에는 사용이 복잡하지 않으면서 사용자가 필요한 부분만 쓸 수 있는 프로그램들도 많이 나와 있으니 선택의 폭이 자유롭다. 월 몇만 원이면 언제 올지 모르는 세무 조사에 대비할 수 있다.

고객이 원치 않으면 '자진발급'으로 현금영수증을 반드시 발행하라

매출의 종류는 크게 두 가지로 나뉜다. 현금매출과 카드매출인데, 어떤 업종이든지 제일 관리가 번거롭고 누락되기 쉬운 부분은 현금매출이다. 현금매출은 수납을 담당하고 있는 직원들의 제대로 된 관리가 아주 중요하다. 액수의 많고 적음과 상관없이 단돈 100원이라도 현금을 받았다면 현금영수증이 발행되어야 하고, 만약 고객이 현금영수증 발행을 원치 않더라도 업장에서는 국세청에 '자진발급'을 해야 한다. 현금영수증 발급 기계 앞에 있는 '자진발급' 버튼을 누르면, 고객정보 없이도 현금영수증을 발행할 수 있다.

'자진발급'은 현재 우리 병원은 현금매출에 대해 모두 잘 신고하고 있다는 중요한 지표가 된다. 하지만 많은 병원이 이 현금매출분 누락으로 세무조사를 받는 경우를 많이 보았다. 물론 일부러 하지 않은 경우도 있을 수 있겠지만 의무발행해야 한다는 사실을 모른 채 억울하게 조사를 받고 세금도 뱉어내고 난 후에야 알게 되는 병원장님들도 많다.

나는 이런 일들을 방지하기 위해 처음부터 정석적인 방식을 택하길 권한다. 예를 들면, 나는 법인이건 개인사업자이건 자금이 나가기 전 거래명세서(내역서)와 함께 세금계산서가 선 발행된 것이 확인되면 진행되도록 했고, 모든 지출은 지출결의서로 내역이 남도록 했다. 이때에도 나는 거래처의 사업자등록증, 통장사본 등도 반드시 첨부하도록 한다. 굳이 그렇게까지 하지 않아도 된다는 말들도 많지만 나는 앞서 언급했듯 오랜 기간 후에도 그 당시의 내용들을 찾을 일이 다분히 있었다. 사업자와 거래처 이름이 다른 경우도 많다. 이 경우에는 관계를 꼭 확인하지 않으면 만약 추후 문제가 생겼을 시에 자금이 오고 간 내용을 명확히 입증하기 힘들 수도 있다. 매입/매출 관리는 철저함이 생명이다. 사소한 부분에서라도 구멍이 생기면, 이를 입증하는 일은 매우 큰 일거리로 돌아온다. 꼼꼼하고 번거로울수록 완성도가 높아지는 것 그것이 바로 매입과 매출 관리임을 명심한다면, 매출 관리와 세무 전략의 95%는 이루는 셈이다.

앞으로의 병원 관리는 점점 넓어지는 환자층의 수요와 이들의 니즈를 병원의 진료 서비스가 얼마만큼 만족시키느냐에 좌우될 것이다. 고객 관리의 중요도가 그만큼 중요해진다는 의미다. 이는 반대로, 이런 고객들을 정확히 파악하고 이에 걸맞은 환자 관리 시스템을 잘 구축한다면 다른 병원들과는 확연히 차별화되는 우리 병원만의 강점을 확보할 수 있다는 이야기가 된다. 변하는 트렌드에 발 맞춰 가는 것, 이제 병원도 예외가 아닌 시대다.

Chapter.4

병원을
점프 업 시키는
차별화 전략 8

한 달 50% 신장이 가능한 점프 업 고객 관리

건강관리의 트렌드가 변하고 있다

업장의 종류를 막론하고 고객관리의 중요성은 아무리 강조해도 과하지 않다. 기능의학을 비롯한 여러 진료과목의 병원들이 이제는 환자를 '고객'으로 보고 적극적이고 공격적인 관리를 해온 지 오래다. 특히 병원의 고객관리는 건강관리의 트렌트가 변화함에 따라 함께 이동해왔다고 해도 과언이 아니다.

이제 사람들은 주기적으로 받는 건강검진의 개념에서 몇 걸음 더 나아가 질병이 오기 이전 상태에서 미리 몸 상태를 체크하고 관리하는 개념으로 건강관리의 개념을 받아들이고 있다. 이에 따라 이전보다 수준 높은 진료를 원하고 질병에 미리 대비하는 개념이 의료계에 하나의 고가 트렌드로 자리 잡힌 지 오래다.

이에 따라 병원들도 환자들의 니즈에 맞춰 환자를 '고객'으로 보고 관리하는 방식을 다양하게 도입하고 있다. 더 많은 고객 유치, 새로운 타깃층을 공략해 신규 환자를 유입하는 방안을 고민하는가 하면, 기존의 우수 고객들을 관리하고 유지하는 일에도 총력을 기울인다. 이제 몸이 아파야만 병원을 찾는 시절은 지났다. 앞으로의 타깃은 아픈 사람뿐 아니라 건강을 더 중시하여 미리 예방 차 찾아오는 고객으로 확장하고 이들을 공략해야 한다. 이 말은 곧, 아파서 오는 분들 외에 보다 폭넓은 고객층이 타깃층이 될 수 있고 관리해야 할 고객층도 그만큼 다양해지고 그 수 역시도 많아진다는 이야기다.

결론적으로 앞으로의 병원 관리는 점점 넓어지는 환자층의 수요와 이들의 니즈를 병원의 진료 서비스가 얼마만큼 만족시키느냐에 좌우될 것이다. 고객 관리의 중요도가 그만큼 중요해진다는 의미다. 이는 반대로, 이런 고객들을 정확히 파악하고 이에 걸맞은 환자 관리 시스템을 잘 구축한다면 다른 병원들과는 확연히 차별화되는 우리 병원만의 강점을 확보할 수 있다는 이야기가 된다. 변하는 트렌드에 발 맞춰 가는 것, 이제 병원도 예외가 아닌 시대다.

잘 관리하려면 잘 분류하는 것이 우선이다

전체 결과의 80%가 전체 원인의 20%에서 일어나는 현상을 가리키는 '파레토의 법칙('80 대 20 법칙' 또는 '2 대 8 법칙'이라고도 한다)'에 따르면 100%의 모든 고객을 관리하는 것보다 20%의 상위고객을 더 잘 챙기는 것이 모든 방면에서 훨씬 합리적이면서 효과적인 관리법이다. 그렇다면 이 20%의 상위권에 속하는 고객을 어떤 방식으로 산출해야 할까?

고객을 분류할 지표는 끝도 없이 많고 특정 지표로 분류된 자료가 필요한 경우도 예상보다 자주 발생한다. 어느 연령, 성별대가 우리 병원의 주 고객층인지와 같은 제일 기본적인 것에서 내원율에 따라 환자군을 나눠보고 직원을 시간대별로 필요한 곳에 효율적으로 배치한다든지 여러 경우의 수들로 우리 고객을 분석하고 적용할 수 있다. 다양한 방식들 중 나는 병원의 고객 관리 방법으로 시행하면 좋을 두 가지 방식을 소개한다.

첫 번째, 매출에 따른 우수고객을 분류한다.

매년 백화점이나 고가의 브랜드들은 우수 고객을 선정하고 그들에게 일반 고객과 차별화된 특별한 경험과 혜택을 제공한다. 병원도 마찬가지라고 생각한다. 코시스에 따르면 피부과는 서울에만 533개, 성형외과 624개, 가정의학 206개에 이른다. 이 중 강남구는 피부과, 성형, 미용에 관련된 병원이 가장 많이 몰린 구라고 할 수 있다. 여기에 그 외의 다른 과목을 내세운 병원(이비인후과도 포함될 수 있는)까지 포함하면 강남구의 병원 수는 더욱 늘어날 것이다. 이처럼 많고 많은 병원 중에서 우리의 우수 환자를 지속적으로 유지하기 위해 차별화된 전략이 당연히 필요하지 않을까?

물론 과목마다 우수 환자의 분류가 달라질 수 있다. 어떤 진료과목의 경우는 우수환자의 기준이 증상에 따른 중요도로 분류되어야 할 것이다. 이를테면 정형외과나 정신과와 같은, '필요도'가 높은 과목의 병원은 중증도가 높은 환자를 우선으로 관리하는 일이 필요할 것이다.

그러나 피부과나 성형외과처럼 '기호도'가 높은, 개인 선호도에 따라 선택이 좌우되는 과목에서는 우수고객 관리를 도입하면 병원을 점프 업 하는 데 훨씬 높은 효과를 기대할 수 있다.

나는 매해 4분기에 병원의 우수고객을 선정했다. 우수고객을 분류할 때도 VVIP와 VIP 두 단계로 더 세분화했다. VVIP와 VIP 고객의 선정 기준 및 방식은 원장님과 운영진이 결정하는 것이 좋겠지만, 그래도 가장 기본적인 기준은 해당 연도의 매출액으로 정하는 것을 원칙으로 했다. 원칙을 매출액으로 정한 뒤, 여기서 더 세부적으로 관리하고 싶다면 급여와 비급여 항목을 고려해볼 수도 있고 시술별, 프로그램별로 구분해볼 수도 있다. 또한 프리미엄 프로그램을 론칭한다든지 특정 고객을 대상으로 홍보를 할 경우 돌아올 효과가 확실할 경우에도 개별 프로그램을 구성해 고객 대상 마케팅을 진행할 수도 있다. 이처럼 다양한 방식으로 고객을 분류한 자료는 매출 신장뿐 아니라 마케팅 면에서도 좋은 지표가 된다.

두 번째, 내원(상담/시술/수술) 후 리마인드 콜을 반드시 한다.

앞에 소개한 첫 번째가 우리 병원의 충성고객을 챙기는 전략이었다면, 이번에는 아직 완전히 우리 고객이 되지 않았지만 그 가능성이 있는 고객을 챙기는 방법이라고 할 수 있다. '충성고객'이란 회사의 입장에서 자사의 브랜드를 꾸준히 소비하고 타인에게 적극적으로 권유하는 고객을 뜻한다. 이른바 '단골 고객'이라는 의미다. 신규 고객을 창출하는 것보다 기존 고객을 챙기는 것이 보다 쉬운 스텝이다.

과거에 우리 병원에 내원해 접수한 이력이 있는 분들 중 내원이 끊긴 환자들이 그 첫 번째 대상이다. 생각보다 검사만 해두고 잊은 채 결과를 보러 오지 않는 환자도 적지 않다. 이들에게 전화를 돌리는 방법도 매우 효과가 좋다. 그리고 과거 시술이나 수술을 했던 환자에게는 현재 몸 상태는 어떤지 묻고 상황을 체크하는 일이 필요하다. 이 과정에서 자연스럽게 재시술로 이어지고, 다시 내원해서 상담을 받도록 유도할 수도 있다. 만약 현재의 예약 창이 너무 비는 것이 고민이라면 CS팀과 상의해 내원이 이루어지지 않은 잠재 고객에게 다시 연락해서 그 사이 새로 도입한 프로그램을 상세히 안내하고 내원 여부를 물을 수 있다. 이는 상황을 보고 CS팀과 수시로 협의해서 결정하는 것이 좋다.

두 번째 방안에서 내가 제안하는 팁이 하나 있다. 만약 당장 오늘 오기로 한 고객이 안 왔다면 전화를 곧바로 하기보다는 적당한 시간이 흐른 뒤에 접촉하는 것이 좋다. 너무 재빨리 연락하면 반감이 들 수도 있으므로 환자 고객이 잊을 만할 때 리마인드해주는 의미에서 접촉하는 것이 좋다.

분류한 고객은 어떤 방식으로 관리해야 하나

앞에서 나는 가장 기본적으로 도입할 수 있는 고객관리 방법 두 가지를 소개했다. 그중 우수고객은 어떤 방식으로 관리되면 좋을까? 나는 큰 명절 때마다 VVIP와 VIP, 일반우수고객을 금액대와 퍼센티지로 선정하고 각 등급별로 자사 선물과 원내 바우처를 차별화해 제공한다. 이때 상황에 따라 새로 나온 프로그램이나 홍보해야 할 대상이 있다면 아주 좋다. 바우처를 동봉해 알리기와 함께 우수고객의 참여와 체험을 유도해볼 수도 있다. 그리고 원내 VIP만 이용할 수 있는 전용 룸과 담당자를 만들고 제대로 관리될 수 있도록 한다. 이 방식은 놀라운 효과를 가져왔다. 매해 VIP의 수가 꾸준히 상승할 뿐 아니라 만족도와 충성도도 함께 가져갈 수 있었다.

여기서 한 발 더 나아가 직원들에게 소개를 제일 많이 해주는 고객, 가족이 모두 다 같이 병원을 다니는 고객 등 우리 병원에 충성도가 있는 고객들을 기록해두었다가 연말에 반드시 챙길 수 있도록 했다. 병원은 아파서 어쩔 수 없이 가는 곳이 있고 아프기 전에 선호도에 의해 선택되는 곳이 있다. 나는 인력과 시간 면에서 여유가 많지 않은 병원이라면, 전자의 경우에는 전반적인 병원 서비스를 최우선으로 신경 쓰길 권하고, 후자의 경우에는 고객관리 시스템을 도입해서 내가 제안한 방법들을 쓰기를 권한다. 이렇게만 해도 진료실과 데스크 곳곳에서 환자들의 좋은 피드백을 많이 받아볼 수 있을 것이다. 그리고 그 효과는 병원의 매출 신장으로 돌아올 것이다.

병원을 한 단계 더
업그레이드하는 팀 구축

병원도 팀으로 돌아간다

병원은 간단하게 백그라운드 업무를 하는 행정관련팀과 진료 관련 실무업무를 보는 진료팀으로 나뉜다. 병원마다 조금씩 다르지만 일반적으로 원장님과 진료를 지원하는 실무팀 외에는 행정업무를 하는 사무장과 간사 정도가 최소 인원이 된다.

그런데 나는 병원을 한 단계 더 업그레이드하고 차별화시키기 위해서는 두 분류의 팀에서 추가로 몇 개 팀을 더 구축하기를 제안한다. 인원이 많이 필요한 것은 아니다. 담당 직원 1인으로 구성된 팀도 얼마든지 가능하다. 관건은 일의 역할과 구분이지 인원수가 아니다.

경리팀은 반드시 필요하다

내가 병원에 추가로 구축하기를 제안하는 팀 중 가장 손에 꼽는 부서는 경리팀이다. 대개의 개인병원에서는 경리 관련 업무 팀을 별도로 두지 않고 사무장이나 간사 또는 실장이 자금 관리를 한다. 어떤 경우엔, 경리 한 명이 여러 병원을 담당하는 경우도 보았다. 나도 병원을 관리, 운영하던 초창기에는 경리부서나 경리 직원을 따로 두지 않고 내가 직접 모든 세무와 자금 관리를 맡아서 했다.

당시 나는 경리 업무를 했던 경험이 없었기에 세무사와 밤낮으로 연락하며 세무관리와 경비관리에 대해 배우느라 애를 많이 썼다. 게다가 당시 병원은 이전에 담당했던 세무사가 관리를 엉망으로 해놓은 탓에 여러 가지로 마음이 급했던 상황이었다.

당시 나는 재무제표를 보기 간편하고 일목요연하게 다듬고, 점점 높아지는 매출에 대비한 절세 전략부터 세우는 것이 시급했다. 빠른 시간에 다잡아야 했기에 내가 직접 세무에 대해 이해하고 습득하고자 했고, 실제로 이 시기 나는 실제 업무에 부딪쳐 가면서 많은 것을 배울 수 있었다.

그렇게 내가 직접 도맡아 관리하던 와중에 점점 매출이 높아지고 사업자가 여러 개가 되니 내 업무와 동시에 모든 부분에 꼼꼼하게 집중할 수가 없었다. 내 성격상 자금관리까지도 여전히 직접 할 수 있다고 고집했지만, 어쩔 수 없이 나에게도 더 중요한 업무들이 늘어났고, 결국 경리직원을 뽑아야 했다. 하지만 그렇게 새로 구축한 경리팀은, 병원에서 없어서는 절대 안 될 중요한 팀이 되었다.

병원에서의 자금 관리는 워낙 말도 많고 좋지 않은 소문도 많다. 한번 관리가 망가진 것을 겪어보니 처음부터 제대로 잡아두지 않으면 나중에 배로 고생해야 했다. 나는 애초에 그런 부분을 방지하고 싶었고, 단돈 1원도 그냥 나가고 들어오지 않게 정석으로 관리되도록 했다. 병원은 결제 종류와 상관없이 나가고 들어오는 자금이 적지 않은 업종이다. 그렇기에 경리팀을 두고 처음부터 제대로 잘 관리될 수 있게 하는 것을 적극 추천한다. 물론 여러 번 언급하지만, 이때에도 가장 중요한 것은 경리팀 직원에게 모든 것을 일임하고 세무관리에서 손을 떼서는 안 된다는 것이다. 세무사와 지속적으로 소통하면서 직접 체크하는 일을 잊지 않아야 한다.

환자도 고객이다, 관리가 필요하다

병원에 구축하기를 제안하는 두 번째 팀은 CS(Customer Service), 즉 고객서비스팀이다.

과거 우리 병원에 제일 자주 들어오는 컴플레인 가운데는 '병원이 너무 북적거린다', '진료 보기까지 정신이 없다', '예약과 접수, 진료까지 절차가 너무 길다' 등과 비슷한 내용이었다. 물론

외래와 예약제를 같이 했기에 병원에 환자가 많은 긍정적인 이유도 있었지만, 가만히 들여다보고 있으니 원인은 따로 있었다. 바로 '전화'였다. 데스크며 검사실이며 여기저기 전화가 끊임없이 울리니 대기실은 조용할 틈 없이 정신 사나웠고, 또 데스크에서도 내원 환자들을 응대하다가도 전화를 받느라 바로바로 응대가 이루어지지 않았다. 결국 전화벨 소리는 환자들에게 시끄러운 소음으로 들렸고, 직원들도 전화 받으랴 업무 처리하랴 정신이 없긴 매한가지였다.

당연히, 데스크에서는 밀려드는 전화를 받느라 환자들을 바로바로 응대할 수 없어 순서가 더욱 밀리고, 자연히 대기시간이 늘어나 컴플레인은 계속 쌓여갔다. 나는 이때 처음으로 CS팀이 필요하다고 판단하고, 이를 바로 실행했다.

그렇게 병원의 CS팀을 구성하자 많은 것이 바뀌었다. 단순히 병원에 걸려오는 전화를 처리하는 것뿐만 아니라 내원 확인 전화에서 리마인드 콜까지 직접적인 고객 관리 및 응대에 중요한 역할을 하게 되니 복잡한 진료 대기실이 훨씬 조용해진 것은 물론이고, 효율성도 높아졌다. 게다가 당시 내가 관리하던 병원은 주 고객층이 40~50대로 카카오톡, 네이버 예약과 같은 디지털매체를 사용하기보다는 전화로 모든 것을 해결하고자 하는 환자들이 많아 예약이 어려워 어쩔 수 없이 놓쳐야 했던 환자들이 많았는데, 이런 환자들까지 모두 챙기는 효과도 볼 수 있게 되었다.

특히 간혹 있는 '노쇼(예약 후 연락 없이 현장에 오지 않는 것)' 환자들의 빈자리로 불특정 다수의 환자를 당일 혹은 수일 내 내원으로 유도해야 하는 경우 CS팀의 존재는 더욱 빛을 발했다.

CS팀을 구축하고 모든 인콜과 아웃콜을 CS팀으로 연결되게 하자 병원은 분위기가 금세 달라졌다. 전화벨 소리와 시끄러운 통화 소리가 없어지니 직원들은 환자 응대에 집중할 수 있게 되었고, 대기실을 비롯한 병원 전체의 분위기가 차분해지니 진정 치료하고 회복하는 공간이 된 것 같았다. 만약 병원의 특성상 고객과의 통화가 길어지는 경우가 많다면 환자를 직접 응대하는 파트보다는 따로 연결되는 직원 및 담당부서를 두는 것이 효율적이다.

병원도 디자인으로 승부하는 시대

병원을 운영하다 보면 디자이너의 필요성을 생각보다 크게 느끼게 된다. 요즈음엔 어디를 가든지 디자인적인 요소가 매우 중요한 부분을 차지한다. 브런치 카페나 중요한 식사 모임이 이루어지는 요식업 장소뿐 아니라, 도서관이나 박물관 같은 공공기관은 물론이고 오프라인 의류매장조차도 독특한 외관의 디자인과 인테리어로 고객의 발길을 끌어들이는 곳이 많다.

나는 디자인이 중시되는 경향은 병원에도 마찬가지로 적용된다고 생각한다. 또한 공간의 디자인, 병원 전체의 콘셉트를 어떻게 가져가느냐에 따라 고객층이 결정된다고 생각한다. 그래서 병원 공간을 꾸밀 때 인테리어와 조명 다음으로 디자인 관련 요소를 매우 중요하게 생각하고, 이를 잘 어우러지게 하려고 공을 들인다. 이를 증명하듯, 최근에 개원하거나 리모델링하는 병원들은 더더욱 병원답지 않게 '브랜딩'을 하고 있다. 이런 추세에 맞게 나 역시 한결같이 병원 느낌을 주는 병원보다는 아주 작은 부분과 요소에서도 디자인적으로 차별화되도록 힘쓰고 있다.

요즘에는 이러한 유행에 맞춰 업주들이 직접 쉽게 편집하고 발주까지 할 수 있는 기본적인 툴(tool)을 갖춘 프로그램을 제공하는 온라인 업체들이 많아지고 있으며, 또한 매 회마다 단발성으로 일을 맡길 수 있는 업체들도 늘어나고 있다.

디자인팀 구축도 필요하다

나는 어느 업장이든, 디자인 관련 조언과 진행은 전문가에게 맡기라고 권하다. 왜 굳이 전문 디자이너가 필요한 것일까?

나 역시 병원 디자인팀과 직접 일해보기 전까지는 앞에서 말한 디자인 툴을 활용해 원내의 거의 모든 디자인 물(物)들을 내가 직접 디자인하고 발주했다. 그런데 시간이 흐르다 보니, 디자인물의 범위가 한두 가지가 아닌 것이다. 원내의 모든 디지털 사이니지(digital signage)부터 봉투, 명함, 안내문, 직원들의 사원증, 명찰까지 몇십 가지가 되는 것들을 디자이너도 아닌 내가 기본적인 툴을 만지면서 하자니 도저히 불가능했다. 시간도 오래 걸릴 뿐더러, 전문가가 아니다 보니 디테일함이 떨어질 수밖에 없었고, 결과물 역시도 내 성에 찰 리 없었다.

그렇기에 알아보게 된 것이 일회성 용역을 제공해주는 업체였다. 하지만 나는 그곳의 디자이너들에게서도 만족스러운 서비스를 받을 수 없었다. 내가 원하는 수준의 디자인은 꿈도 못 꾸고, 세심하게 수정 피드백을 줘도 몇 번을 파일이 왔다갔다 해야 했다. 인하우스 직원들이 아니니 어쩔 수 없는 일이었다. 무엇보다 원내외 모든 디자인 요소들의 지속적인 체크와 업그레이드가 필요한데, 그것을 나나 실무에 있는 직원들이 하기에는 힘들었다.

그래서 나는 이 부분을 빠르게 눈치 채자마자 바로 디자인팀을 구축했다. 나도 그랬지만 처음부터 여러 명으로 팀을 꾸리기보다는 센스 있고 감각 있는 디자이너 한 명이 발주업체와 PM(프로젝트의 작업 진행을 총괄적으로 책임지는 사람) 역할까지 하면서 원내 구석구석 필요한 부분, 수정사항이 필요한 부분만 체크해주어도 다른 병원과 관리의 차별성은 분명 눈에 띌 것이다.

병원도 엄연한 사업체임을 명심한다

병원은 몸이 불편하거나 아픈 사람이 오는 곳이 맞다. 그러나 운영 면에서라면 병원도 어디까지나 사업가의 마인드로 접근해야 한다. 당연히, 비즈니스 세계에서는 시간이 지날수록 물건의 성능이 좋아지고 업그레이드되어야 한다.

서비스를 받는 회사라면 당연히 서비스 품질이 향상되어야 하고, 고객들이 방문하는 곳이라면 마땅히 고객의 편의가 증진되는 쪽으로 바뀌어야 한다. 내가 병원 운영에서 점프 업을 해야 한다고 주장하는 이유가 여기에 있다. 나는 그러한 이유에서 병원의 마케팅팀은 실무자와 별개로 꼭 구축하길 권한다. 일반적으로 병원에서는 '홍보팀'이라는 명목으로 팀을 두지만, 결국 이 팀들은 외주 홍보 업체를 돌리는 PM의 역할을 하는 팀 그 이상의 역할을 기대하기 어려운 경우가 대부분이다. 나는 이러한 무늬만 홍보팀인 인원들보다는, 병원장과 함께 병원의 나아갈 방향을 제시하고 목표를 설정할 마케팅팀, 경영팀을 구축하고 든든한 지원을 받아 병원을 경영하길 바란다. 이들은 우리 병원의 현 상황을 정확히 분석하여 더 나은 방법을 제시할 것이고, 개선할 부분은 없는지 끊임없이 분석하고 연구해야 하는 중요한 팀으로, 외주가 아닌 인하우스로 두거나, 외부 팀이더라도 우리 병원을 집중적으로 관리해줄 수 있는 팀을 두는 것을 권한다.

첫 세팅을 잘 해두었다고 생각해도, 지속적인 관리와 업그레이드는 우리 병원을 다른 경쟁 병원과 확연히 다른 차별점을 지닌 곳으로 고객(환자)에게 각인시키는 큰 효과가 있다.

"그 병원, 친절하고 원장님 진료도 잘 보고 다 좋은데, 너무 똑

같아. 내가 다녔던 10년 전이나 지금이나 변한 게 하나도 없어."

이런 소리가 칭찬이 아니라는 것은 누구나 알아챌 수 있을 것이다. 늘 고객보다 한 걸음 앞서서 고객 편의를 생각하는 병원, 고객의 컴플레인에 귀 기울이고 문제점을 개선하는 병원이 오래 가고 또 좋은 병원이다.

지출 관리의 핵심, MRO

병원에도 필요하다, MRO

MRO란 '유지(Maintenance)', '보수(Repair)', '운영(Operation)'의 영문 약자로, 기업들에 필요한 소모성 자재의 구매·관리 및 컨설팅하는 업무를 뜻한다. 요즈음엔 업종별로 MRO 업무를 관리해주는 기업들이 늘어나고 있는 추세로, 그만큼 MRO 관리운영의 중요성이 대두되고 있다.

병원 역시도 소모성 자재들이 적지 않은 업종 중 하나로, 자잘한 자재들의 지출을 잘 관리하는 것이 버는 것만큼 중요하다. 작은 지출이 새다 보면 점점 큰 지출이 새는 것으로 이어진다. 이를 방지하기 위해서는 MRO 관리업무를 소홀히 해서는 안 될 것이다.

살림이 중요하다

MRO 관리의 중요성이 대두되는 이유도 어찌 보면 새는 돈을 잡기 위해서, 효율적인 지출관리를 위해서이다. 병원을 운영하다 보면 크고 작은 소모성 자재를 구매할 일들이 아주 다양하고 빈번하게 발생한다. 소소한 지우개나 펜 같은 사무용품 구매에서부터 정수기, 복합기와 같은 사무장비 비용의 관리까지, 모두 MRO 업무에 해당한다. 매출에 비하면 작은 부분들인 것 같고 새봐야 작은 돈일 것 같지만, 막상 새는 돈을 알아챈 후에는 적어 보이진 않을 것이다. 다양한 기업의 소모성 자재들을 관리해주는 MRO 전문 기업들의 수가 점점 늘어난다는 것은 그만큼 MRO 관리업무의 중요성이 점차 표면 위로 떠오르고 있다는 것 아닐까?

살림을 도와줄 담당직원을 배정하라

내가 앞에서 제안한 바와 같이, 만약 원내에 살림을 맡아주는 경리팀이나 직원이 있다면 이러한 지출관리 부분에서 주된 역할이 되어줄 것이다. 경리팀은 회사의 살림을 속속들이 알고 있기에 더욱 관리에 적합하다, 일반 직원들은 보이지 않는 회사의 돈이기에 효율적으로 회사 비용을 지출하고 절약하는 부분에 대한 관심도가 떨어질 수밖에 없다.

예를 들면, 물티슈 하나를 구매할 때에도 운영진의 별다른 오더가 없다면 직원들은 '배송의 조건만 보고', 혹은 '쇼핑몰의 상단에 떠서' 등의 이유로 금액과 물품의 비교 없이 바로 구매를 결정해버릴 수도 있는 것이다. 이러한 경우 불필요하게 비싼 금액의 물건을 구매하게 될 수도 있고, 고의는 아닐 테지만 간혹 다른 쇼핑몰보다 몇 배를 비싸게 주고 구매하는 경우도 생길 수 있다(실제로 병원에서는 비일비재로 일어나는 일이다. 그만큼 구입하는 물품의 종류도, 개수도 많기 때문이다).

이런 경우를 사전에 차단하기 위해서도 나는 운영진이 경리팀과 함께 세심하게 지출 부분을 관리하며 체크하길 당부한다. 구매를 요청하는 모든 직원들이 합리적인 물품을 선정하고 요청할 수 있도록 사전에 구매담당 직원들과 소통을 하는 것이 무엇보다 중요하다 할 것이다.

효과적인 지출관리를 위해 입출금 창구는 한 곳으로 정리하라

내가 경리직원을 두길 바라는 제일 큰 이유 중 하나는 입금과 출금의 창구를 한 곳으로 지정하기 위함이다. 일반적으로 경리담당 직원이 없는 병원의 경우에는 입금 창구는 당연하고 지출되는 루트도 여러 부서일뿐더러 카드와 현금이 중구난방으로 쓰이기도 한다. 효과적인 지출의 관리를 위해서는 지출의 방식, 지출을 결정하고 진행할 담당자를 정확히 배정하고 그대로 진행될 수 있도록 철저히 관리되어야 자금의 관리에도 용이하고, 새는 지출도 막을 수 있다.

특화된 업체들을 적극 활용하라

이전에는 MRO 업체라 하면 사무용품, 사무기기에 특화되어 있는 업체들이 대부분이었는데, 요즈음에는 그뿐만 아니라 사내에 비치할 스낵바, 음료바 등의 관리까지 한 곳에서 모두 해결할 수 있는 전문 관리업체들이 앞서 말했듯 다양하게 생겨나고 있다. 이들은 사내에서 필요한 다양한 소모품의 제공에서부터 음식료품, 그리고 더 나아가 경조사 관리까지, 찾으면 찾을수록 더욱 폭넓은 서비스로 그 편리함을 어필하고 있어 놀랍다. 실제 내가 관리하는 병원과 우리 회사에서도 이런 업체들을 적극 활용하고 있다. 직원들의 복지를 위한 스넥바, 음료나 사무용품 등을 주문하고 있는데, 경리팀의 업무 개선도뿐만 아니라 직원들의 만족도도 높다.

MRO 업체들마다 콘셉트도 다양하고 서비스의 종류도 다양할 뿐 아니라 경비 처리를 하는 것에서도 용이하도록 자료를 정리해주는 서비스도 제공하는 것으로 알고 있다. 갈수록 새로운 업체들이 생겨나고 있으니 자신이 관리하거나 운영하는 병원의 복지나 업무수준에 맞는 업체를 선정해 서비스를 제공받는 것을 추천한다.

장비 및 자재, 주사제와 업체 관리는 어떻게 하나

첫 시작이 좋아야 한다

병원을 개원하게 되면 생각보다 많은 업체들과 미팅을 하고 거래를 시작하게 된다. 개원 준비에서 장비나 작은 자재들의 구입은 대부분 마지막 즈음의 스텝으로 진행하게 되는데, 생각보다 준비할 수 있는 시간이 넉넉하지 않을 확률이 크다. 여러 이유로 대다수의 원장님들이 새로운 장비를 들이거나 준비할 때, 업체를 소개받거나 수소문해 괜찮다는 업체를 알아보고는 바로 결정해버리는 경우가 많다.

그러나 업체 선정은 매우 신중하게 결정하는 게 좋다. 그 이유는 한번 선정된 업체를 변경하는 일은 거의 없기 때문이고, 장비는 대부분 리스로 구매하게 되기에 더욱 그렇다. 그렇기에 처음부터 좋은 업체와 괜찮은 금액으로 거래를 시작하는 것이 좋다.

나는 주기적으로 거래 중인 업체를 지속적으로 점검하고, 직원들과 더 괜찮은 업체가 있는지 이따금씩 비교해보고 필요 시 변경하는 방식으로 관리하고 있다.

장비 리스, 어떤 점에서 유리한가

자금이 넉넉한 경우라면, 장비는 가능하면 직접 구매해서 쓰는 것이 좋다. 하지만 초기 자금이 클수록 부담과 리스크가 크기에 이를 해소하는 일반적인 방법으로 장비 리스를 많이 선택한다. 의료장비 리스에는 크게 두 가지가 있는데, 하나는 리스 기간이 끝난 뒤 의료장비를 구입할 것을 전제로 하는 금융리스와 리스 기간이 끝난 뒤 장비를 반납하는 운용리스가 있다.

그중 장비 업체들이 금융 리스를 내주는 경우, 세무적 관점에서의 메리트는 인테리어나 보증금, 자재구매처럼 리스된 의료장비 역시 리스 기간 동안 장비의 감가상각을 인정해 병원의 비용으로 처리할 수 있다는 점이다. 의료 장비에 관련된 보험료나 수리비 등도 병원이 지출한 비용으로 인정되며, 반면 리스 금액은 전액 비용으로 인정되지 않고 이자만 병원의 비용으로 인정된다(이는 금융 리스는 회계 및 세법상으로 의료장비를 구입한 것으로 취급하기 때문이다. 형식적으로 소유권이 이전되지 않았더라도, 병원 소유인 것으로 간주되어 회계처리나 세금 계산이 이루어진다).

어찌 되었든, 장비에 관한 금융리스는 여러 감가상각의 요소가 많으므로 이를 활용하는 것이 좋은데, 단, 이때는 매년 바뀌는 세무적인 부분을 체크하고 얻을 수 있는 세제 혜택에 최대한 맞춰 계약이 이뤄지고 자금이 지출되어야 한다. 개업 이후 첫 연도는 나라에서 세금을 감면해주는 등의 다양한 혜택이 매년 새로 생기고 사라진다. 그러므로 개원 연도에서 얻을 수 있는 세제 혜택을 최대한 알아봐두고 활용하면 시간이 지나도 아쉬울 일이 없다.

개원 첫해에는 세금을 감면받을 만한 지출이 아주 많을 것이다. 임대료, 인테리어 비용, 장비 세팅 비용 등 모든 항목을 첫해 연도에 모두 처리하는 것보다 가능한 비용을 여러 해로 나누어 매해 적절히 세무적으로 혜택을 받으면서 세금처리를 할 수 있도록 해야 한다. 병원 장비는 보통 고가가 많고 리스로 대부분 거래되고 있는데, 최근에는 높은 금리 때문에 리스를 하지 않는 업체들이 많기에 상황을 보고 잘 판단해야 한다.

장비 업체가 해달라는 대로 들어주지 마라

나는 병원과 법인을 여러 해 운영하면서 수많은 업체들과 조건을 합의하고 계약을 진행하며, 이 과정에서 때로는 분쟁을 하기도 했다. 가능하면 누구든, 분쟁과 다툼 없이 계약을 진행시키고자 할 것이다. 이를 위해서는 업체와 계약 내용을 사전에 꼼꼼히 체크하고 진행하는 것이 무엇보다 중요하다. 꼭 명심할 것은 업체에서 제시하는 계약서 내용 그대로 계약하는 것은 금물이라는 점이다.

일반적으로 장비를 한번 세팅하면 최소 몇 년은 사용해야 하므로 계약 내용을 확인하는 것은 필수다. 계약 내용을 제대로 확인하지 않고 계약을 진행했다가 꼭 받아야 하는 AS를 못 받는다든지, 주기적으로 받아야 하는 관리 부분을 빼먹는다든지, 더러는 무상이 아니라 유상으로 받아야 한다든지 하는 달갑지 않은 상황들이 생길 수 있다. 사소한 계약서 조항 하나에 따라서도 반드시 필요한 부분에 대해 관리받는 일에도 적지 않은 비용을 지불하게 될 수도 있다.

한번은 골밀도 장비 때문에 업체에 몇 차례 컴플레인을 하고 보상받은 사건이 있었다. 골밀도 검사의 결괏값이 일정 기간마다 반복해서 정확하게 나오지 못하는 현상이 반복되기에 장비 업체에 연락을 취하고 점검을 받게 되었다. 업체에 점검을 해보니, 장비 하부 쪽 부품을 업그레이드한 제품으로 교체해야 한다는 것이었다. 부품 금액만 몇백만 원에 달했다.

나는 이 기기의 경우 부품 업그레이드가 주요 원인이라기보다는 지속적으로 문제가 생겨왔음을 먼저 거론했다. 또한 최근 일정 금액을 주고 장비 점검을 받았음에도 일어난 문제였기에 무상으로 수리를 해달라고 요청했다. 다행히도 업체 측에서 해당 부분에 대해 무상으로 진행하기로 했고 4~5시간에 걸친 장비 부품 교체를 진행했다.

그 이후 나는 방사선사에게 골밀도 검사의 값에 대해 보고받기로 하고 며칠간 장비를 사용하게 하였는데, 바로 며칠 뒤 기사팀에 물어보니 여전히 검사값이 일정치 않고 잘못 나온다는 것이다. 나는 바로 업체에 연락을 했다. 그런데 돌아온 답변이 기가 찼다. 하부 부품을 업그레이드 된 제품으로 교체했으므로 상부 부품도 그에 맞게 교체해야 서로 버전이 맞아떨어져서 제대로 된 측정이 가능하다는 것이었다. 게다가 그렇게 바꾼다고 해도 그 측정치의 정확도를 100% 장담할 수 없다는 것이다. 그리고 돌아온 재견적은 500만 원 이상.

얼른 업체 말대로 결제해주고 검사를 재개하자는 행정과장님을 잠시 말려두고, 나는 업체에 전화해 강력히 항의했다. 먼저, 왜 하부를 변경하고 나면 상부 부품도 변경해야 하는 경우를 사전에 설명하지 않았는지를 따졌다. 그리고 그 이후의 측정치도 100%를 장담하지 못한다는 부분을 지적했다. 그 말은 본인들 장비에 대해 신뢰가 떨어지는 것을 스스로 인정한 것이 아닌가. 또한 그동안 환자들을 제대로 검사하지 못한 부분은 어떻게 보상할 것인지도 따져 물었다.

내가 강경한 태도로 강하게 잘못된 부분을 지적하자 업체 담당자는 윗사람에게 확인하고 전화를 준다고 했다. 그러곤 결국 돌아온 답변은 무상으로 해주겠다는 것이다. 그 이후 장비 부품을 추가적으로 교체받고(그들 말로는 기존에 이야기한 500만 원 부품보다 더 좋은 것을 넣었다고 했다) 프로그램 업그레이드까지 받고 며칠간의 테스트를 거치고 나서야 안심할 수 있었다.

이 업체를 처음 봤을 때를 떠올려보니, 첫 데모를 시행해준 담당 직원들의 좋지 않았던 인상부터, 초반 일처리도 성에 차지 않았는데 내가 모르게 급히 장비를 구매했던 기억이 났다.

단지 한 가지 예시를 들었지만, 나는 업체를 선정할 때 처음부터 조금이라도 찝찝한 부분이 있거나 명확하지 않은 업체는 확실히 배제하는 편이다. 이런 것들을 무시하고 진행한다면, 언젠가는 꼭 탈이 되어 돌아오기 때문이다. 처음 소통할 때 받은 느낌을 무시하지 말고 업체를 선정하는 것이 제일 중요하고, 그 이후 업체와 소통할 때에는 업체에서 요구하는 것을 그대로 들어주기보다는 병원의 권리를 요구하는 일이 더욱 필요하다.

주사제 관리는 행정팀에서 직접 하자

나는 주사제 관리야말로 첫 단추를 잘 끼우기를 특히 강조한다. 제일 단순하고 중요한 일이 재고 관리인데, 특히나 중요하게 생각해야 하는 부분은 '마약류 주사제' 관리일 것이다. 성형외과와 같이 마취 및 수술을 하는 병원이라면 당연하고, 내과나 외과 등 다른 과목의 병원에서도 마약류를 취급하는 병원이 많을 것이다. 마약류 주사제 관리는 까다롭기도 하고 그만큼 중요하다. 일반 주사제와 구분해 따로 금고에 보관하고, 사용량과 잔량일지를 꼼꼼히 작성해야 하는 등의 관리를 요한다. 그러므로 주사팀에 온전히 맡기기보다 행정팀에서 직접 체크하고 관리하는 것이 좋다.

나는 마약류의 관리를 잘못해 문 닫는 병원을 꽤 여럿 보았다. 이는 대부분 병원장이 마약류 관리에 대해 몰라서라기보다, 사실 생각지 못한 의외의 곳에서 사고가 발생하는 탓이 크다. 남은 잔량을 직원들이 몰래 악용해 억울하게 문 닫는 사례도 보았고, 소홀한 관리로 행정처분을 받는 경우가 당연히 제일 많다. 마약류 관리에 대해 더욱 확실히 하고 싶다면, 식약처 혹은 보건복지부에 질의하면 명확한 답변을 얻을 수 있다.

그리고 제일 번거롭지만 꼭 해야 하는 것이 주사제의 관리이다. 주사제 발주 및 사용량, 그리고 남은 재고량 관리는 처음부터 잘 되지 않으면 중간에 바로 잡기가 쉽지 않다. '발주량 - 사용량(로스량) = 재고량'을 확실히 체크하고, 특히 로스량은 얼마나 되는지도 확인하며, 가능하다면 재고량과 맞는지 매일 체크하도록 하는 게 제일 좋다. 지금 내가 관리하고 있는 병원은 시트에 발주량을 체크하고 사용량 및 재고를 매일 맞춰본다. 그리고 모든 환자별로 어떤 앰플과 주사제가 쓰였는지 모두 기록하게 하고 있는데, 이는 또 하나의 빅데이터로 환자들을 처방받은 주사와 관련해 다양히 분석해 보는 것에도 유용하게 쓰이고 있다.

수많은 업체 관리는 이렇게

앞에서 말했듯 병원을 경영할수록 점점 거래하는 업체들은 많아진다. 눈에 보이지 않는 통신업체서부터 포스사, 제약사, 폐기물업체 등 그 수만큼 종류도 다양하다. 많은 업체들과 소통해오면서 나도 초반에는 내가 연락했던 업체조차 헷갈려서 명함집을 뒤적이며 혼자 기억을 더듬거리기도 했었고, 실무와 관련된 업체들은 실무자들이 직접 연락하게 하니 담당자가 바뀔 때마다 제대로 인수인계가 되지 않는 경우가 대부분이었다.

한번은 엑스레이 장비가 어느 날 갑자기 멈춰 선 적이 있었다. 항상 기본검사로 활용하는 장비였고, 늘 고장 없이 작동되었기에 전혀 문제 될 일이 없었는데, 한순간 에러가 뜨면서 제대로 검사가 진행되지 않는 것이었다. 보고를 받은 나는 문제를 해결하려고 했으나, 이번에는 해당 업체 담당자 번호를 아는 사람이 없었다. 당시 엑스레이 기사는 막 새로 들어온 직원이었고, 인수인계가 제대로 이루어지지 않은 것인지 업체 전화번호를 모르고 있었다. 설상가상으로 행정과장도 업체 담당자가 바뀐 것만 기억하고 있을 뿐 명함을 어디다 두었는지 모른다고 했다. 대개의 경우, 장비 옆에 담당자 명함을 같이 붙여두는데, 담당자가 바뀌면서 그 명함도 떼어버렸던 것이다.

나는 서둘러 장비업체 본사에 전화를 했지만, 그날따라 왜 그렇게 연결이 늦게 되는지 초진 환자며 재진환자들이 제대로 검사를 하지 못하고 돌아가는 판국에 발만 동동 굴러야 했다. 뒤늦게 연결된 담당자에게 빠른 점검 수리를 요청하였으나 이미 돌려보낸 많은 환자들은 돌이킬 수 없었다. 어쩔 수 없이 많은 환자분들게 양해를 구하며 재방문을 하게 할 수밖에 없었다.

이 밖에도 당장 급한 상황에, 필요한 순간에 담당자 번호를 찾지 못하는 등 여러 시행착오를 거치다 보니 어떤 업체와 우리가 거래하고 있는지, 그리고 마지막 커뮤니케이션은 누구와 어떤 내용으로 했는지를 기록해두어야겠다는 생각이 들었다. 이를 시스템화해두면 누가, 언제 보아도 한눈에 담당자와 장비의 이력을 파악할 수 있었다. 이 일 이후로 나는 각 팀마다 소통하는 업체명과 마지막 연락한 직원이 누구인지, 어떤 내용이었는지 등을 기록하는 시트를 만들고 서로 공유하도록 하고 있다. 이는 병원뿐 아니라 우리 자사(법인)에서도 사용하는 유용한 업체관리 방법이다.

환자가 줄어들 때는 무엇을 체크해야 하나

롱런하는 병원

병원은 흔히 말하는 '오픈 빨'이 없는 업종 중 하나다. 물론 큰 도심이 아닌 작은 상권이나 동네에 오픈하는 병원이라면 다를 수 있지만, 개원을 한다고 해서 저절로 환자들이 몰려오지 않는다는 것쯤은 개원을 준비하는 원장님이라면 분명 알고 있을 것이다.

주변을 보면 한때 남부럽지 않게 잘 나가다가 지금은 겨우 현상 유지만 하는 병원도 보이고, 특출나게 소문이 난 것도 아닌데 오랜 기간 동안 꾸준히 롱런하는 병원도 있다. 이 병원들은 관리에서 어떤 차이가 있었을까?

매출 하락 신호를 잘 포착하자

롱런하는 병원과 그렇지 못한 병원의 가장 큰 차이는, 환자가 줄어드는 신호를 포착하고 이를 병원 관계자들이 잘 알고 있느냐에 있다. 동네 작은 분식집을 운영해도 손님이 줄어드는 것을 사장이 가장 먼저 알아차려야 하듯, 병원도 마찬가지다.

동네에 새로운 분식집이 들어선 적이 있다. 분식집은 프렌차이즈가 아니었지만 정갈하고 맛이 있었고, 또 무엇보다 사장님의 고객 서비스가 좋았다. 학생 손님이 오면 양을 넉넉하게 주었고, 어린아이와 같이 온 엄마 손님에게는 유아용 요구르트를 서비스로 건네곤 했다. 당연히, 가게는 입소문이 났고 학생과 동네 엄마들이 자주 찾는 분식집이 되었다. 그런데 손님이 많이 몰리고 대기줄이 서자, 사장님의 고객 서비스가 점점 줄어들기 시작했다. 요구르트 서비스야 없어진다 해도 오픈 시기가 지났으니 손님들도 이 부분을 가지고 불만을 가지지는 않았지만, 사장님의 태도가 왠지 모르게 초창기와는 확연히 달라졌다.

손님이 붐빌 때 어린아이와 함께 방문한 엄마들에게는 조금 싫은 기색을 내며 얼른 자리에서 일어나기를 바라는 눈치였고, 학생들에게 넉넉히 퍼주던 양도 점점 줄어들기 시작했다. 시간이 지나면서 점점 가게에 손님이 뜸해진 것은 당연했다. 그런데도 사장님은 손님이 줄어드는 이유를 명확히 모르는 눈치였다. 매출 하락의 원인을 고객들은 명확히 아는 반면, 정작 가게의 주인은 몰랐던 셈이다.

병원도 이런 장사와 다를 바 없다. 병원에서 환자가 줄어드는 것에도 분명한 이유가 있다는 이야기다. 만일 예상되는 '합당한' 이유가 되는 특수한 이슈(이를테면 이벤트 기간에 환자 수가 늘었다가 기간이 끝나고 평소대로 돌아왔다든지 하는)가 작용한 경우가 아니라면 줄어드는 원인을 정확히 파악해보는 것이 중요하다.

실제 환자가 줄어들기 '시작'했다고 해서 매출에 바로 영향을 미치지는 않을 것이다. 만약 암 병동이라든지 줄기세포 시술과 같은, 애초에 높은 객단가로 다수의 타깃층을 공략하는 과목의 경우라면 한두 명의 환자로 매출 차이가 큰 것은 당연하다. 하지만 일반적인 병원이라면 환자의 수가 줄어들고 있다 해도 단기간에 매출 비상에 빠지지는 않기 때문이다. 그러나 원인 파악을 빠르게 하지 못한 매출 감소는 시간이 지날수록 매출이 급격히 줄어들 것이기에, 일반 병원에서도 매출 하락은 예비 비상 상황과 같다.

환자의 시선으로 병원 내부를 바라보자

평소와 다름없이 병원 운영을 하고 진료를 했는데도, 환자가 줄어들기 시작했다면 무엇부터 점검해야 할까?

병원을 경영하는 입장이라면 환자의 관점이 되어 병원을 바라보는 것이 매우 중요하다. 병원 외부에서, 즉 환자가 되어 우리 병원을 바라보는 것이다. 환자가 줄어드는 요인은 크게 내부적인 요인과 외부적인 요인으로 나뉜다. 두 가지 요인 중 먼저 체크할 것은 내부에서 일어나는 요인 알아보기이다.

내부 요인을 체크하려면 직접 환자가 되어 병원에서 환자들이 겪게 되는 여정을 몸소 밟아보는 것이 중요하다. 내가 우리 병원 환자라면 어느 부분이 불편해서 재방문하지 않을지를 스스로 점검해보는 것이다. 너무 비싼 비용이 문제든지 서비스가 문제든지, 분명 이유는 존재한다.

만약 CS팀이 있거나 방문 후에 환자에게 피드백을 받는 시스템을 갖춘 병원이라면 환자들의 직접적인 이야기를 들을 수 있는 통로가 있는 셈이니 매우 좋다. 또는 직원들을 통해 반복적으로 들리는 불만 사항들이 있을 것이므로 그 부분부터 점검하면 된다. 하지만 그런 시스템이 갖춰져 있지 않은 병원이라면, 당연히 내부에서 직접 찾아봐야 한다. 이런 경우에는 스스로 환자의 자리에 서서 병원을 바라보는 방법을 추천한다. 우리 업장이 아닌, 다른 업장을 바라보는 고객의 시선에서 우리 병원을 이용하는 동안 재방문 의사가 일어나지 않는 부분은 어디인지를 살피는 것이다. 대기하는 공간이 불편하거나 화장실이 너무 춥거나 하는 공간의 문제가 있지는 않은지, 혹은 직원들이 불친절하거나 나도 모르는 새 채혈 실수가 자주 일어나거나 하는 등 서비스 부분에서 마이너스가 될 요소가 있는지를 체크해야 한다. 이런 외적인 요소를 살폈다면, 그다음에는 환자들이 상담 시 비용을 듣고 그냥 돌아가는 비율이 높은지 낮은지 등을 확인해 진료비 및 시술 프로그램 비용이 적정한지를 체크하는 등 원내 환자가 병원 여정의 어느 단계에서 이탈하는지를 살펴야 한다. 무엇보다 외적, 내적으로 다양한 부분을 구석구석 체크하는 것이 중요하다.

다른 병원을 벤치마킹하자

다음으로 체크할 것은 병원 외부적인 요인이다. 우리 병원을 재방문하지 않는 환자들, 그리고 애초에 선택하지 않는 환자들은 다들 어디로 가는 것일까? 분명 다른 병원으로 갈 것이다. 그렇다면 그 병원은 우리 병원과 어느 차별점을 가지고 있기에 선택받는 것일까?

병원의 외부적인 요인으로 매출 하락을 살피는 것은 바로 이 부분을 파악하라는 의미다. 병원을 개원하고 정신없이 진료를 보는 원장님들은 바깥을 돌아볼 여유가 없을 확률이 높고, 또한 다른 병원을 돌아보고 싶어도 쉽지 않은 경우가 많기에 (아는 원장의 병원을 가보게 될 경우 등) 환자의 입장에서 다른 병원을 돌아보는 방법은 운영진 몫이다.

규모가 크고 환자가 북적대는 병원이든, 동네 작은 병원이든, 어느 병원에서도 배울 것은 항상 있다. 더욱이 환자가 줄어들고 있는 상황이라면 반대로 잘되고 있는 병원들을 방문해 돌아보고 우리 병원이 어느 부분을 놓치고 있는지 체크해야 한다. 내가 환자라면, 우리 병원이 아닌 이곳을 선택한 이유가 무엇일지 끊임없이 돌아보고 찾아보자. 원인 없는 결과는 없기에 분명한 원인을 빠르게 찾아 개선해야 한다.

나 같은 경우에는 일부러 기회를 만들어서라도 크고 작은 병원들을 평소에 자주 가보는 편이다. 독감 예방 주사만 맞으러 잠시 들른 병원에서도 배울 점은 반드시 있다. 다양한 병원을 돌아볼수록 우리 병원의 부족함을 알고 채워 넣을 수 있을 것이다.

병원답지 않은
병원을 만들어라

병원이라고 다 같아야 할 이유는 없다

내가 병원을 관리하면서 중요하게 항상 생각하는 부분 중 하나는 '병원 같지 않은 병원'을 만드는 것이다. 이런 내 의견을 말하면, 대부분의 사람들은 '병원 같지 않은 병원'이 대체 뭐냐고 질문한다. '병원이 다 거기서 거기지, 병원 같지 않고 병원답지 않은 병원은 뭐야?'라는 원초적인 질문부터 '병원 같지 않으려면, 어떻게 해야 하는 거야? 건물을 옮겨야 하나? 동네를 옮겨야 해?'라는 입지에 관한 것이냐는 질문, '데스크 직원을 바꿔야 하나?'라는 인력에 대한 질문까지 다양하다.

그런 다양한 질문들에 대한 내 답은 하나다. '병원답지 않은 병원'이란, 환자들이 일반적으로 생각하는 병원의 이미지에서

'모두 벗어난' 병원이라고…. 입지나 인력, 인테리어 등 어느 한 곳에 치중하지 않은, 총체적인 변신이 필요하다고 말이다.

직원 점검, 병원 전체의 풍경을 최우선으로 살펴라

이런 변신을 위해 내가 가장 먼저 한 일은 직원 교체였다. 앞에서도 말했듯, 좋지 않은 병원 문화를 만드는 직원은 과감히 정리하고 기존 간호사들에게서 받는 인상과는 차별화된, 부드러운 성격과 편안한 인상의 직원들로 조직을 꾸렸다.

그러고 나서는 병원 전체의 풍경을 바꾸었다. 누가 봐도 병원이라는 느낌의 인테리어가 아닌 고급스러운 쇼룸의 느낌, 편안한 호텔 로비 느낌의 조명과 인테리어로 첫 인상부터 확실히 차별화될 수 있도록 했다. 무엇보다 병원 곳곳에 무작위하게 부착하는 홍보물부터 전부 제거하도록 했고, 정보를 제공하는 것조차도 깔끔하게 정리하고 부착물의 일관화된 디자인과 룰을 정했다. 병원 인테리어에 신경 쓴 결과물로 여러 상을 수상하였는데, 그중 제일 기억에 남는 것이 Chapter.3에서도 말했던 세계 3대 디자인상인 레드닷의 'hospitality' 부문에서 전 세계 유일하게 상을 수상하는 등의 성과를 이룬 것이다. 레드닷은 우리나라 대기업들도 여러 부문으로 매년 출품하는 저명한 독일의 디자인상인 만큼 수상의 기쁨이 매우 컸고, 또 그만큼 보람도 컸다.

용모와 서비스 개선은 같이 이루어져야 한다

직원을 점검해 필요 시 과감히 교체하고 병원 풍경을 바꾸었다면, 당연히 고객 응대 서비스도 자연스럽게 높아질 것이다. 그러나 서비스만으로는 부족하다. 이제 직원의 용모를 개선하고 점검할 차례다. 나는 용모 개선을 위해 원장님 가운을 포함한 원내 모든 직원들의 유니폼 및 용모에 영향을 미치는 여러 요소를 모두 바꿔버렸다.

병원 유니폼은 병원의 첫인상에서 인테리어 다음으로 가장 큰 비중을 차지하는 부분이다. 그래서 디자인팀과 함께 수많은 유니폼 회사를 조사하고 이전에 받아두었던 카탈로그를 꼼꼼히 살폈다. 그랬는데도 마음에 드는 업체를 한 군데도 찾을 수 없었다. 어느 유니폼 회사이든지 병원 유니폼은 마치 법적으로 정해놓기라도 한 듯, 다 '거기서 거기'인 천편일률적인 디자인이었던 것이다.

나는 결국 우리 병원만의 브랜드를 담은 유니폼을 직접 디자인하고 맞추기로 결정했다. 그래서 해당 직무에 적합한 원단에서부터 목깃의 길이, 소매의 트임 등 여러 팀의 모든 유니폼을 전문가와 함께 디자인하고 제작했다. 데스크 직원들용 스카프의 패턴과 소재까지 까다롭게 선정하는 과정이 쉽지만은 않았지만, 결국엔 우리 병원에 어울리는 유니폼을 탄생시켰고, 이로써 병원의 전체 인상을 결정짓는 핵심 요소를 성공적으로 마무리할 수 있었다. 그렇게 심혈을 기울인 유니폼을 볼 때마다 환자들로부터 좋은 피드백을 받을 때처럼 매우 뿌듯하다.

마지막 요소는 목소리, 즉 발성이다

나는 직원들의 서비스 요소 중 표정만큼이나 목소리를 중요하게 생각했다. 더욱이 데스크 직원들은 나이가 어린 편인데, 나이에 비해 경력이 훌륭하고 일을 잘하는 친구들도 자칫 겉으로 보이는 인상이 어릴 경우 소위 '진상 고객'에게 무시를 당하거나 갑질을 당하는 경우가 있었기에 이를 보완해줄 방법이 무엇이 있을까 고심했다.

그래서 내가 내린 결론은, 목소리에 무게감을 가져가면서 조리 있고 차분하게 안내하고 응대하는 '발성 수업'을 받게 하는 것이었다. 곧바로, 전문 강사를 초빙해 주 1회 전 직원 맞춤 수업을 진행했다. 이 수업에 대한 직원들의 만족도는 상당히 높았다. 사비로 배우기에는 접근이 어렵고 또 돈을 지불하기에도 애매한 교육을 병원에서 직접 해주니 좋아했고, 교육의 결과를 현장에서 적용했을 때의 결과치도 매우 높게 나왔기 때문이다. 이 수업 이후 신기하게도, 내원 환자분들이 우리 직원들을 이전보다 훨씬 존중하는 것이 눈에 띄게 보였다. 무엇보다 직원들 본인이 좀 더 격 있는 서비스를 제공하고, 행동도 그에 맞춰 변화하는 것이 매우 신기했다.

여느 병원과는 차별화된 인상과 재방문의 의지는 첫발을 들이는 순간부터 모든 진료를 끝내고 돌아가는 마지막 순간까지 모든 여정에 좌우된다. 데스크에서의 첫인상만큼이나 모든 부서가 잘 어우러질 수 있게 하는 것은 매우 중요하다.

병원 냄새 나지 않는 병원

인력과 인테리어 외에 내가 특별히 신경 쓴 것은 '냄새'다. 무엇보다 나는 병원 냄새가 나지 않는 병원으로 만들고자 했다.

일반적으로 병원들은 들어서는 순간 의약품 냄새가 풍기는 곳이 대부분이다. 어쩔 수 없는 부분이지만 사람들은 의약품 냄새에 당연히 거부감이 있을 수 밖에 없고, 더욱이 오랜 기간 병원에 입원한 경험이 있는 분들은 병원 냄새에 특히나 불호도가 높다. 병원은 어쩔 수 없는 것일까. 나는 그 냄새를 없애야 진정 병원답지 않은 느낌의 병원이 될 것 같았다. 그래서 나는 이를 개선하고자 했다.

초기에는 우리 병원 역시도 병원 냄새, 즉 의약품 냄새를 풍길 수밖에 없는 병원이었다. 떠올려보면 침대 수액실에 빈자리가 없어 로비에서까지 수액을 맞는 분들이 매일 빈번히 있었던 때였는데, 그러다 보니 병원 약품 냄새가 나지 않을 수가 없는 상황이었다. 나름대로 방향제를 열심히 가져다 놓았고, 병원에는 온통 인위적인 향이 맴돌았다. 마침 고민하던 와중에 당시 병원에서 시행하고 있던 보조 치료법인 '아로마'를 활용한 아이디어가 떠올랐다. 아로마는 향기를 맡게 하는 것만으로도 심적으로 안정이 되고 활력도 불어넣을 수 있는 대체요법이었기에, 일석이조의 효과가 있으리라 판단했다. 나는 곧장 해당 아로마를 블랜딩하고 병원 곳곳에서 그 향이 나도록 했던 기억이 난다.

대기업들이 브랜드 고유의 향을 이용한 '향기마케팅'을 실시하고 향기를 인테리어의 중요한 요소로 세팅하는 '향테리어'가 유행하는 것을 보면, 이제 '향기'란 사람에게만 풍기는 것이 아니라 공간과 제품과 서비스에서도 얼마든지 풍길 수 있는 요소가 되었음을 알 수 있다. 이제 향기는 사람뿐 아니라 제품과 서비스에서도 첫인상을 좌우하는 매우 중요한 요소가 되었다.

우리 병원만의 향기를 찾아서

누구나 한 번씩 스치듯 맡은 향에 '누가 썼던 향수더라', '어디서 맡아봤던 향기인데' 등등 사람이나 특정 공간에 대해 향기로 떠올리는 순간들이 있었을 것이다. 시각적인 부분만큼 후각적인 부분은 해당 대상의 기억에 크게 반영된다. 나는 이러한 이유로 우리 병원만의 향기를 만들고 싶었고, 그 향으로 다른 효과도 얻을 수 있다면 좋을 것 같았다.

앞에서 말했듯 아로마를 블랜딩해 곳곳에 비치하니, 특히 병동에서의 반응이 아주 좋았고 구매하고 싶다는 환자들이 점점 늘어나 원내에 아로마 디퓨저 기계까지 두고 아로마와 함께 판매했던 기억이 난다. 지금도 종종 CS팀의 만족도 설문에는 '병원 냄새 나지 않는 병원'이라는 긍정적인 피드백이 들어오곤 한다.

전화벨 소리 없는 병원

말하기 전에는 모르지만 이야기하면 '아~, 어쩐지!' 하는 작지만 큰 부분, 바로 대기실 및 병원 어디에서도 전화벨 소리를 듣기 어려운 것이다. 조금이라도 잘되는 병원이라면 북적이는 환자들로 데스크 및 대기실이 소란스럽고 정신이 없기 마련이다. 과거의 우리 병원도 항상 많은 환자들로 북적였는데, 전화를 거는 직원에서부터 받아야 하는 직원까지 모두 데스크에서 처리하려니 바로 앞에서 환자분께 응대하는 직원과의 목소리도 겹치기 일쑤였고, 온 대기실의 직원도 환자도 정신이 없었다.

나는 고급스러운 콘셉트의 병원을 만들고자 하는데 대기실이 시장통과 같이 복잡하니 될 리가 없었다. 고민 끝에 CS팀을 따로 구축하고, 드디어 내가 꿈꾸던 호텔 로비와 같은 부담되지 않는 조용한 공간의 대기실을 만들 수 있었다. 이렇게 입구에 들어서기만 해도 고급스러운 느낌의 병원을 만들고 나니 당장 눈에 띄는 변화가 나타났다. 항상 들려오던 '병원비가 너무 비싸다'는 컴플레인이 확연히 줄어든 것이다. 이런 사실을 확인하자마자 나는 미루고 있던 VIP 프로그램을 빠르게 세팅했고, 내 전략은 유

의미한 효과를 즉시 거두었다.

병원 업그레이드나 점프 업은 반드시 진료, 시술 결과에만 좌우되지 않는다. 조금만 관점을 달리해 봐도 좋고, 내가 평소 닮고 싶은 공간의 요소들을 생각해서 적용하면 된다. 수시로 좋은 공간, 훌륭한 디자인 요소가 부각된 장소를 방문해보면 내 경험치가 쌓여 자신이 생각한 이념과 맞는 콘셉트의 병원을 만들어 가는 데 도움이 될 것이다.

빅마우스를 모셔라

병원과 자영업은 다르지 않다

병원 역시 다른 사업장과 마찬가지로 '입소문'과 '지인 소개'가 중요하다. 특히 환자의 증상을 단순히 진단하고 치료하는 것이 아니라 병의 근본 원인을 찾아 개인 맞춤형 치료를 제공하는 데 초점을 맞추며, 병의 예방과 건강 유지, 신체의 균형을 찾는 데 주안점을 두고 병원을 찾는 환자들에게 지인 소개와 입소문만큼 중요한 '매출 신장과 확장' 포인트는 없다. 환자들의 입소문과 알음알음으로 소개가 이어지는 일, 환자가 우리 병원의 단골고객이 되어주고 이들이 다른 환자들을 연결시켜 또 다른 환자를 확보하는 것은 병원이 한 단계 점프 업 하는 데 필수 불가결한 요소다.

이런 단골고객, 더 나아가 지인들에게 입소문을 내주는 고객들을 우리는 흔히 '빅마우스'라고 부른다. 이들은 타인과 의사소통을 즐기고 정보를 잘 퍼트리며 소문에 대한 영향력이 크기에 이들을 어떻게 확보하고 또 '모시느냐'에 따라 매출의 결과 또한 달라진다.

불국사 스님이 우리 병원에 온 까닭

어느 날 내가 운영 관리하던 병원에 스님이 내방했다. 사람들은 공기 좋은 곳에서 몸에 좋은 사찰 음식만 드시는 스님들에게 관리해야 할 건강상의 문제가 뭐가 있을까 생각하기 쉽지만, 스님들의 경우 수행하고 정진하는 데 신체의 건강이 기본이라 생각하기에 면역력 증진과 건강관리에 꾸준히 관심을 기울이는 경우가 많다.

당시 우리 병원의 원장님은 스님이 오셔도, 목사님이 오셔도 모두 환자들의 종교에 맞게 진료와 상담을 진행했다. 굳이 종교적인 색채를 드러내지 않은 게 아니라, 오히려 스님에게는 부처님의 설법에 대한 이야기를 건네고 목사님에게는 예수의 사랑과 전도에 관한 대화를 나누는 등 적극적으로 종교 관련 대화를 하면서 진료와 상담 시간을 보냈다. 큰 병원 가운데는 의외로 종교적인 색채를 의도적으로 드러내서 운영하는 곳도 있어서 신앙심 깊은 원장님의 경우엔 진료 전에 환자의 손을 잡고 기도한 뒤 시작하는 병원도 있다. 그러나 당시 원장님의 경우에는 종파와 종교를 뛰어넘는 유연하고 열린 태도로 종교계 환자들을 대하는 방법을 썼다. 이는 원장님의 의도라기보다는 '성품'에 기인한 덕이었다. 병원에는 특정한 종교나 정파에 대한 간판이 없어야 한다는 것이 당시 병원과 원장님의 철학이었기 때문이다.

그런데 이후 정말 재미있는 현상이 벌어졌다. 그 스님의 소개를 받았다는 스님들이 전국 각지에서 찾아오기 시작했던 것이다. 내방하는 스님들은 지역도 종파도 다 달랐다. 어느 분은 경상도에서 오셨고 어느 분은 전라도 쪽에서 오셨다. 조계종 스님이 오시는가 하면 천태종 스님도 오셨다. 직원들 사이에서는 그 스님이 불교계의 '인플루언서'가 아니냐는 추측까지 나올 정도였다.

이 일을 계기로 나는 어떤 경우라도 어떤 분이라도 '빅마우스'가 될 수는 있으며, 그러기에 환자를 대하는 철학과 원칙을 정립해두는 것이 매우 중요하다는 것을 새삼 확인했다. 한 스님의 방문이 일으킨 연쇄반응은, '병원에는 그 어떤 정파나 종파도 있을 수 없다'는 병원의 철학이 행운으로 이어진 결과가 아닌가 생각한다.

호기심과 팬심이 강하다면 빅마우스 후보자

그렇다면 입소문을 강하게 내는 고객, 더 나아가 다른 환자들에게 영향력을 끼치는 고객을 어떻게 알아볼까? 만약 이들을 미리 알아볼 수 있다면 단골고객을 확보하는 것뿐 아니라 병원에 안 좋은 소문을 낼 가능성을 사전에 차단하는 효과도 볼 수 있지 않을까?

내 경험상, '빅마우스'가 될 가능성이 높은 환자는 병원에 '궁금한 것'이 많고 호기심이 풍부하며 원장님을 향한 '팬심'이 강한 사람이다. 이들은 도처에서 나타나지만, 그중에서도 지역 맘카페로 활동하는 사람이 많다.

이들의 특징은 데스크에서부터 엿보인다. 사소한 질문이 많은 편이며, 요구 사항도 일반 환자보다 디테일하다. 이를테면 다음번 예약 날짜를 잡을 때 '빅마우스' 후보자들은 예약 날짜를 선정하는 프로세스가 어떻게 이루어지는지를 묻고, 그 과정이 정확하고 공정(?)한지를 체크하기도 한다. 대기실에 놓인 음료의 종류를 제안해오는가 하면, 음악 선곡에 대한 의견을 적극적으로 개진하는 환자도 있다. 원장님의 개인적인 사생활을 살짝 물어보는 경우도 간혹 있으며, 다음번 진료 시간에 원장님에게 사적인 선물을 하기도 한다.

이 중에서도 원장님에 대한 '팬심'이 강한 환자들에게는 각별히 유의할 필요가 있다.특히 원장님들은 이 환자들의 진료 시간에 이들의 팬심에 상처가 가지 않도록 주의해야 한다. 환자의 이름을 기억하고 증상을 기억하는 기본적인 정보 외에, 환자의 사적인 정보까지 메모해두었다가 안부를 물어준다면 매우 좋다.

데스크에서도 이들의 접수를 받을 때 "○○○님, 지난번에 해외 여행 간다고 하셨는데, 여행은 잘 다녀오셨어요? 음식이나 날씨 때문에 피부나 장 트러블은 없으셨는지요?"처럼 근황을 알고 있었음을 전하면서 안부를 함께 묻는다면, 특별하게 느껴지는 서비스와 관심을 원하는 그들에게 그 효과는 극대화될 수 있다.

보상과 서비스라는 쌍끌이 전략이 필수

병원 매출은 원장님의 진료 솜씨 하나로만 이루어지지 않는다. 전체 시스템이 하나부터 열까지 고객(환자)에게 만족을 주었을 때 지속적이고 다른 병원과 차별화되는 병원으로 자리매김할 수 있다. 나는 우리 병원의 '빅마우스' 환자들에게 철저한 보상과 서비스를 시행한다. 말로만 하는 '감사합니다', '덕분입니다' 같은 인사는 공허하다. 병원은 환자들이 진료와 시술에 대한 대가를 지불하는 곳이다. 그런 곳인 만큼 서비스는 실물 보상이 필수다.

나는 지인 소개를 한 환자, 병원의 고액 프로그램을 연속으로 신청한 환자들에게는 철저하게 실물로 보상했다. 감사의 마음을 눈에 보이는 것으로 전달하는 것. 이것이 빅마우스뿐 아니라 단골고객들에게 진심을 전달하는 길이라 생각하기 때문이다. 물론 실물 보상과 함께 마음도 전달해야 하기에, 대접받고 알아봐주는 서비스도 동반되어야 한다.

실물 보상은 병원에서 판매하는 제품이나 고가의 원내 프로그램 바우처에서부터 시작하는 게 좋다. 그런 뒤 차차 병원 주위에 있는 브런치 카페의 무료쿠폰 증정, 런치 스페셜 식사권 증정 순으로 보상의 양과 질을 늘려간다. 병원에는 일반적인 환자들도 오지만, '큰손' 환자들도 오기 마련이다. 질병 예방과 관련되는 병원에는 면역력을 높여주고 신체 전반의 균형 있는 관리를 받으러 오는 환자들이 많기에 이들이 받는 진료 프로그램은 장기적이고 또 주기적일 수밖에 없다. 따라서 보상과 서비스 방식도 다양하게 변주를 주어 병원이 환자를 위해 끊임없이 노력하고 연구하고 있다는 것을 보여주는 게 필요하다.

인색하지 마라

맛집을 소개하는 텔레비전 프로그램을 보면 성공한 식당 주인들이 하나같이 하는 말이 있다. 바로 '손님들에게 퍼주어야 장사가 잘된다'는 말이 그것이다. 병원도 마찬가지다. 인색하게 굴면 환자들이 금세 알아본다. 나는 '빅마우스' 고객을 고가의 시술을 결제하는 환자이거나 이런 환자들을 연결해주는 사람이라고는 생각하지 않는다. 빅마우스를 판단할 때는 '매출 증진에 직접적인 영향을 주는 사람인가'보다는 '영향력'과 '파급력'에 초점을 맞추어야 한다. 다른 사람에게 우리 병원을 알리는 수고를 해주는 환자, 본인의 경험을 주위에 알리면서 선한 전파력을 행사하는 환자, 우리 병원의 장점에 대해 한마디라도 해주는 환자가 병원 입장에서는 정말 소중하고 고마운 '빅마우스' 고객이다.

그러나 빅마우스 고객은 양날의 검과 같아서, 이들 가운데 한 명을 실망시키면 한 사람의 실망으로 끝나지 않는다. 병원에 대해 안 좋은 경험이나 기억이 연대가 되어 확대되므로, 그 피해가 1인으로 그치지 않는 것이다. 시술 병원에서는 한 번 더 서비스 시술을 한다고 해서 원가가 크게 차이나지 않는다. 손길이 한 번 더 갈 뿐 지출에 영향을 주지는 않는다는 것이다. 이분들에게는 손길 한 번이 더 큰 보답으로 돌아올 수 있다.

나는 지인 소개가 많은 분이거나 가족 단위로 오는 환자들의 경우에는 매출액에 상관없이 VIP로 대접한다. 이들로 인해 파생될 잠재 고객들이 있을 것이므로, 이들에게 마땅한 보상을 해드리는 것이다. 병원은 '의술'로 고객(환자)을 상대하는 곳이다. 인색한 마음으로는 환자의 마음을 얻을 수 없다. 먼저 퍼주고 먼저 손해 본다는 생각으로 환자를 대한다면, 병원의 점프 업은 자연스럽게 따라올 것이다.

커뮤니티 공간이 곧 VIP 라운지가 되도록 운영하라

커뮤니티 공간을 만들어라

앞에서 나는 빅마우스가 지닌 큰 영향력을 강조했다. 그런데 빅마우스가 어느 날 갑자기 하늘에서 툭 떨어지는 것도 아니고 병원에서 이런 환자를 앞장서서 모실 수도 없는 일이다. 이런 경우에는 어떻게 해야 할까?

나는 빅마우스가 없는 병원이라면 '커뮤니티 공간'을 만들어 이를 적극 활용하라고 제안한다. '커뮤니티 공간'은 기존 대기실과는 다르다. 좁더라도 대기실과는 분리된 공간이어야 한다. 커뮤니티 공간의 역할은 간단하다. 바로 '수다 떠는 곳'이다.

우리 병원은 시술 시간이 길다 보니 대기실에서 서로 모르는 환자들끼리도 자연스럽게 이야기를 나누곤 했다. 각자의 증상을 이야기하기도 하고 병원 시술이나 진료의 효과에 대해서 서로 대화를 나누다 보면 모르는 사람끼리도 유대관계가 생기고 병원에 대한 정보를 나누는 과정에서 병원에 대한 충성심이 생겼다. '동병상련'의 마음이 같은 병원에 다닌다는 동질감으로 이어지고, 이것이 곧 병원에 대한 믿음으로 이어지는 것이다. 이는 공간이 주는 선한 영향력이다. 이에 대기실을 넘어선, 다른 느낌을 주는 '커뮤니티 공간'으로 공간을 확장했고, 공간이 바뀌자 고객(환자)들은 우리 병원을 언니나 친구, 가족 등 아주 가까운 이들과 시간을 맞추어 같이 오는 만남의 장소로 이용하기 시작했다.

나는 친구 따라 병원 간다

커뮤니티 공간을 마련해두면 여성들에게는 이곳이 친구들과 만남의 장소가 된다. 한 친구가 우리 병원에 시술이 있는 날이면 다른 친구들도 이곳 커뮤니티 공간으로 모여 그 친구 시술이 끝나는 동안 이야기를 나누며 기다린다. 기다리는 동안 병원 프로그램 책자를 살펴보기도 하고, 자연스럽게 친구의 시술 결과를 '직관'하기도 한다.

우리 병원은 이렇게 커뮤니티 공간에서 친구를 기다리다가 다음번에는 친구들이 같이 병원 시술 프로그램에 예약해 다니는 경우가 많다. 친구들과 차를 마시고 음악을 들으면서 편하게 기다리는 사이 자기 차례가 되면 한 사람씩 시술실에 들어갔다가 나오는 곳. 이곳이 바로 커뮤니티 공간의 목적이자 기능이다.

이처럼 커뮤니티 공간은 병원에 다른 친구와 '같이' 올 수 있는 이유와 여지를 마련해주는 기능을 해야 한다. 그러자면 장소가 편안하고 깔끔하며, 찾아오고 싶은 곳이 되어야 한다. 카페에 가듯이 병원 커뮤니티 공간으로 스며들 수 있어야 한다는 의미다. 친구들끼리 약속의 장소가 병원이 되도록 하는 게 내가 생각했던 커뮤니티 공간의 목적이자 의도였고, 우리 병원의 공간은 곧 그 기능을 제대로 해냈다. 사람이 모이면 지속적인 매출로 이어질 수 있다. 이는 병원도 마찬가지다. 그래서 우리 병원 커뮤니티 공간은 오늘도 끼리끼리 모여든 여성 친구들로 북적인다.

중요한 건 크기가 아니다

"커뮤니티 공간을 만들기에는 병원이 너무 좁아요."

커뮤니티 공간을 만들라고 조언하면 이렇게 말하는 병원 관계자들이 의외로 많다. 그럴 때 나의 대답은 한결같다. 공간의 크기는 중요하지 않다는 것. 대기실 외의 여유 공간이 없을 때는 차라리 대기실을 두 공간으로 분리하라고 조언하기도 한다. 어차피 대기실에 있을 환자와 커뮤니티 공간에 머무는 환자는 겹친다. 이곳에 있든 저곳에 있든 환자의 수는 비슷하다는 이야기다.

어느 병원은 링거 맞는 동안 커뮤니티 공간으로 나와 친구들과 시간을 보내도록 유도하기도 한다. 그러면 링거 맞는 지루한 시간을 혼자 견디지 않아도 되고, 자연스럽게 병원을 찾는 것이 지루한 일이 아니라 즐거운 경험이 될 수 있다.

요즘은 공간이 주는 힘, 공간이 주는 영향력이 크게 중시되고 있다. 더불어 기업들은 고객과 소통하기 위해 마케팅에서 판매, 고객 서비스에 이르기까지 전 구매 여정에서 고객의 경험(Customer Experience)을 중시하고 있다. 공간은 이런 고객의 경험 여정에서 아주 큰 영향력을 행사할 수 있다. 나는 병원도 여기서 크게 벗어나지 않는다고 믿으며, 커뮤니티 공간은 환자들의 여정에서 긍정적인 고객 경험을 주리라 확신한다.

불편한 것을 해소해주고 즐거운 것을 만들어주는 게 비즈니스의 핵심

사업의 핵심은 불편함을 해소해주고 즐거움을 만들어주는 것이다. 병원도 여기서 벗어날 수 없다. 그리고 병원이야말로 '불편함' 때문에 찾는 곳이기에, 이를 해소해주는 것이 곧 즐거움으로 바로 연결될 수 있다.

고객의 페인 포인트(pain-point), 즉 기업이 제공하는 서비스나 제품 등에서 고객이 불만스럽거나 불편하게 여기는 부분을 해소해주는 것이 사업, 즉 기업의 역할이라는 것이다. 이런 점에서 병원은 할 수 있고 또 해야 할 일이 아주 많다. 기본적으로 불편함을 가지고 오는 공간이기 때문이다. 게다가 21세기 병원은 아파서만 오는 곳이 아니라 미리 관리를 받기 위해 오는 공간이 된 지 오래다. 이런 기회에, 병원이 기업으로서 고객(환자)들에게 해줄 수 있는 것은 무궁무진하게 열려 있다. 많은 병원들이 1층 공간을 카페보다 멋진 인테리어로 채우고, 커뮤니티 공간 활용에 힘을 쓰는 이유다. 이런 점을 포착하여 변화하는 병원, 변신하고 노력하는 병원과 그렇지 않고 제자리에 머물러 있는 병원은 크나큰 차이가 날 수밖에 없다.

병원도 서비스 공간임을 명심하자

나는 우리 병원의 커뮤니티 공간을 VIP 라운지처럼 활용했다. 병원에 오는 환자들이든 환자의 지인이든, 환자의 친구 모임이든 모두가 VIP처럼 이곳을 활용할 수 있도록 했다. 내가 인테리어부터 손을 댄 병원의 대기실과 커뮤니티 공간의 소파는 모두 안락함을 최우선으로 고려했으며, 조명과 가구 배치에 신경을 썼다.

이렇게 한 이유는 앞에서도 말했듯, 병원을 찾아오고 싶고 머물고 싶은 공간으로 느끼게 하기 위함이다. 그리고 병원에 오는 이들은 누구든 대접을 받고 존중받는다는 느낌을 주기 위함이다.

여러 번 강조했듯이, 병원 역시 변해야 살아남는다. 살아남기 위해 끊임없이 노력하고 환자들의 선택을 받기 위해 서비스, 품질, 사후 관리 모든 면에서 다른 병원과는 차별성 있는 결과물을 내놓아야 한다. 나는 이런 차별성이 환자를 VIP로 대접하는 방식과 태도에 있다고 생각한다. 물리적인 면뿐 아니라 정신적인 면까지, 데스크에서부터 시술실, 진료실, 마지막 결제와 다음번 예약을 잡는 순간까지 우리 병원에서의 모든 여정에서 환자 자신이 대접받았다고 느낀다면 그 병원의 점프 업은 저절로 이루어질 것이다.

20만 유튜브 구독자 원장님 만들기

수년 전부터 들리던 이야기가 있다. 요즘 10대들은 무언가 정보를 얻어야 할 때 자연스레 유튜브를 1순위로 검색한다는 것이다. 학교 숙제를 할 때에도 네이버나 구글링이 아닌 유튜브에서 찾은 정보를 활용한다는 이야기를 듣고, 그 당시만 해도 지인들과 "요즘 애들은 다르다"라며 수다거리로 삼곤 했었다. 그런데 지금은 나 역시도 더 정확하고 자세한 정보를 얻고자 한다면(내 생각에) 유튜브를 먼저 검색해 보고, 네이버나 구글은 다음 순서다. 물론 검색하는 주제에 따라 달라지지만, 단순히 글이 아닌, 영상을 통하니 더 잘 가공된 정보를 얻을 수 있다는 생각이 들기 때문이다. 게다가 본인의 목소리와 얼굴까지 내 걸고 이야기하는 영상은 신뢰도가 올라갈 수밖에 없다.

유튜브는 점차 연령대를 막론하고 여전히 검색엔진 1위의 자리에 있는 네이버, 구글을 위협하면서 어떤 정보든지 영상을 통해 우선적으로 얻을 수 있게끔 진화하고 있다. 10대들의 선도에 걸맞게 현재 유튜브는 정보전달의 장으로 10대에서 50~60대, 그 이상의 연령대까지 자유롭게 이용하고 있는 플랫폼이 되었다.

원장님, 이제는 유튜버가 되셔야 합니다

우리 병원은 개원 전부터 '팟빵'이라는 플랫폼을 활용해 콘텐츠를 올리고 있었다. 하지만 환자들이 팟빵을 듣게 하려면 어플을 설치해야 했다. 어플이 없으면 새 콘텐츠를 올려도 알람을 받을 수 없기에 당연스레 환자들이 잊게 되기 때문이다. 어플을 설치하는 과정이 귀찮고 어렵다며 나중에 듣겠다는 분들이 대부분…, 팟빵의 구독자 수는 항상 비슷한 정도를 맴돌 뿐 늘어나지는 않았다.

그때 대안이 바로 유튜브였다. 나는 원장님들께 '대기업들이 점점 다양한 영상콘텐츠의 전달에 유튜브를 활용하고 있다. 우리 병원도 콘텐츠 플랫폼을 팟빵에서 유튜브로 옮기자'는 의견을 내놓았다. 그 이야기를 들은 원장님은 자기가 어떻게 하느냐며 손사래를 치셨다. 팟빵에서는 영상이 보여지는 것이 아니니 부담 없이 말씀만 하시면 되는데, 유튜브는 무엇보다 얼굴이 나와야 하고 콘텐츠의 성격이 완전히 달라지니 당연한 반응이었다.

원장님, 환자들에게 말씀하시는 것처럼 하시면 돼요

몇 주를 계속 졸랐다. 당연히 원장님도 사람이시니 갑자기 카메라 앞에 서라는 것이 쉽게 느껴지실 리 없었다. 하지만 내 생각에는 방송 출연 경력도 있으셨고 워낙 엔터적으로도 뛰어나신 분이라서 잘하실 거라는 확신이 있었기에 시작만 하시면 된다는 생각이었다. 꽤 오랜 기간 해오신 팟빵에서 유튜브로 옮기자 하니 쉽게 결정하실 수 없는 것도 당연했기에 한 달 이상을 그럴듯한 이유들을 만들어내 원장님을 계속 회유했다.

"그럼 유 대표가 옆에서 같이 이야기해 줘, 덜 어색하게. 그럼 해보고"

"당연하죠! 제가 앞에서 환자처럼 질문할 테니 원장님은 진료 보실 때처럼만 말씀하세요"

그리고 그날부터 나는 바로 기획에 돌입했다. 외부 촬영팀을 처음부터 써보는 것보다 차라리 그 돈으로 촬영에 필요한 물품을 최소로 구비해 내부에서 자체적으로 시작하기로 했다. 초기 투자비용을 크게 들이면서 시작하고 싶지도 않았고, 촬영팀이라고 낯선 사람들 앞에서보다는 익숙한 사람들 앞에서 시작하시는 것이 원장님도 마음 편하실 거라 생각했다.

홍보가 아닌, 진정한 정보의 전달

유튜브를 찍기로 한 다음, 첫 번째 기획은 유튜브를 하는 목적이 무엇인가였다.

오후 7시, 진료가 끝나면 신이 나서 원장님과 유튜브 채널에 대해 상의하러 진료실로 갔다. 원장님께서 진료실에서 제일 많이 하시는 말씀이 무엇인지를 묻다 보니 '매번 환자들에게 같은 이야기를 해야 하는 것이 사실 힘들다. 환자들이 미리 어느 정도 알고 오실 수 있다면 참 좋겠다'라는 이야기를 여러 번 하셨고 나는 이 부분이 유튜브의 콘셉트를 잡는 데에 좋은 소스라 생각했다.

그래서 원장님께 제안드린 콘셉트는 '(우리) 병원에 오기 전에 먼저 질환에 대해 공부하고 오실 수 있는 의료 정보를 제공하는 유튜브'였다. 우리 병원에 주로 오는 환자분들의 질환에 관해서부터 미리 영상을 만들어 전달할 수 있다면, 이미 유튜브는 시작부터 제 역할을 다할 수 있을 것이었다.

콘셉트도 되었고, 입에 붙는 유튜브 채널명(이름)을 짓는 것이 다음 순서였다. 제일 중요한 채널명은 의외로 쉽고 단순하게 만들었다. "모든 사람이 병원을 탈출하게 하자!"라는 의미를 담아서 위트 있는 채널명을 지을 수 있었고, 바로 원장님의 잘 나온 사진을 사용해서 배너 이미지를 함께 제작했다.

그렇게 유튜브를 시작하고 나는 매 회 어떤 주제로 유튜브를 할지, 그리고 썸네일은 무엇으로 할지 매일같이 고심했다. 영상을 업로드할 때에 태그는 최대한 많이 달 수 있도록 하는 것은 당연하고, 우리 병원 내원객들, 그리고 예약 전화/문의 전화만 걸어와도 무조건 유튜브 주소를 발송해 모든 고객들을 자연스레 구독자로 유입될 수 있도록 했다.

구독자가 많아질수록 조심해야 하는 것들도 늘어난다

유튜브의 반응은 갈수록 불어나는 복리처럼 뜨거워지고 있었다. 신기하게 처음에는 정말 우리 환자 말고는 구독자가 없었는데, 시간이 지날수록 일반인들의 구독도 늘어나고 있었다. 매 회 주제를 기획할 때에 계절이나 시기에 맞춰 시즌마다 두드러지는 질환에 대해 다룬다든지, 사회에 생기는 의학적인 이슈에 맞춰서 짜보려 노력한 것이 크게 작용되었지 싶다. 그리고 별다른 홍보 없이도 구독자가 늘어난 것은 역시 꾸준함의 힘! 열심히 콘텐츠를 올린 덕분이었다. 처음엔 불안하다며 팟빵을 놓지 못하시던 원장님도 이제는 유튜브 촬영만 해도 되겠다며 재미를 붙이시고, 나도 늘어나는 구독자와 댓글을 보며 신이 나고 있었다.

물론 순조롭지만은 않았다. 의료인 유튜브를 운영한 것은 처음이었기에 착오도 많이 겪어야 했다. 한 번은 '식용 과산화수소 음용' 때문에 아주 골치 아픈 일이 있었다. 검증되지 않은 방식이지만 몇몇의 의료인이 옹호하는 유튜브 영상을 만든 것이 화근이었고, 우리 유튜브에도 비슷한 내용을 언급한 것이 문제가 되어 식약처에 자료를 한가득 들고 가서 몇 번을 소명해야 했다. 그리고 어찌 알고 찾아온 사람들에 의해 댓글에서 찬반논란이 뜨거웠던 그 영상은 당연히 내려야 했다. 이제 의료인 유튜버가 많이 생겨난 만큼 보건복지부나 식약처에서 의료인 유튜브에 대한 가이드도 만들어 주어야 하는 것 아닌가 싶기도 하다.

실버버튼 수령 기념 라이브 방송의 순간

이처럼 이런저런 일들을 겪으며 꾸준히 유튜브를 이어왔고, 어느덧 우리 병원 유튜브는 10만 구독자 유튜브를 달성해 실버버튼을 수령하게 되었다. 10만 구독자 실버버튼 수상기념 특별 라이브를 진행해 보자는 의견을 살짝 내놓았는데, 모두 좋다며 찬성했다.

드디어 라이브 시작. 두근두근. 실버버튼 상자를 여는 것으로 라이브를 시작해서 질문을 받을 때에는 400명이 넘는 시청자가 들어와 있었고, 채팅창에는 빼곡히 쓰여진 질문들이 계속 올라와서 전혀 소통을 할 수 없는 정도였다. 도저히 채팅을 하나도 읽을 수 없는 정도로 몰아치는 구독자들의 생생한 반응은 정말 신선한 경험이었다.

진료실에서 환자들을 만나는 것이 아닌, 새로운 방식으로 진행된 환자들과의 소통은 원장님께도 색다른 활력을 드렸던 것

같다.

꾸준함이 20만 구독자를 만들었다

어느덧 유튜브를 오픈한 지 8년 차, 현재 병원의 구독자수는 20만 명을 넘어섰고 944개의 영상을 업로드했다. 그리고 한 영상의 최고 조회수는 910,000 회나 된다! 우리 병원 유입 환자의 70~80%가 유튜브를 통해 알고 찾아와 주셨고, 매달 많지 않지만 그렇다고 적지도 않은 유튜브 수당도 쏠쏠히 들어온다.

출근길 지하철에서 우리 유튜브를 보는 사람을 목격했다며 종종 전해지는 직원들의 애사심 가득한 후기들은 '꾸준히 잘 해왔구나'라는 뿌듯한 마음이 들기에 충분했다. 우리 채널이 20만 명이라는 구독자를 품고 나니 가끔씩 내 메일에는 다양한 목적의 유튜브 동반 촬영 제의, 그리고 제품 홍보 요청에 대한 연락이 오기도 했는데, 나는 한 번도 이에 응하지 않았다. 우리 원장님이 상업적이지 않아 보여야 하는 것, 초기 생각했던 콘셉트인 정보전달이라는 성격을 잃지 않아야 한다는 것은 변하지 않는, 제일 중요한 부분이었다.

원장님은 매일같이 소소히 오르는 구독자 수를 확인하면서 말씀하셨다.

"유대표, 유튜브 라이브방송 할 때가 되지 않았나?"

병원 마케팅에서 벗어나려면 내원객들을 '환자'로 보기 전에 '소비자'로 보는 시각이 필요하다. 이들이 우리 병원을 다시 찾게 하려면 어떻게 해야 하는지, 이들이 우리 병원에서 한 가지 시술을 더 받게 하려면 어떤 니즈를 충족해주어야 하는지, 이들이 딸이나 엄마, 또는 자매와 친구의 손을 잡고 같이 찾아오게 하려면 어떤 '서비스'와 '보상'이 필요한지를 끊임없이 생각한다면, 그 답은 의외로 쉽게 얻어진다.

Chapter.5

MSO 전문가의 팁

: 병원 운영에 성공한 병원

vs 실패한 병원

Success1 : 고급화 전략으로 병원 밀집 지역에서 살아남은 A 병원

의료기기 사러 병원에 오는 시대

병원이 변하고 있다. 〈데일리메디〉는 2023년 7월 24일자 기사 "로슈진단 아주대병원 플래그십 스토어"에 한국로슈진단이 아주대학교병원 내 의료기기 매장에 '플래그십 스토어'를 연 사실을 자세히 소개했다. ㈜한국로슈진단이 플래그십 스토어를 연 이유는 명확하다. 당뇨병 관리 신제품 및 서비스에 대한 환자의 경험 확대를 위함이다. 이를 위해 한국로슈진단은 자사의 '아큐-첵' 혈당측정기 신제품을 비롯한 다양한 당뇨관리 제품을 이곳 스토어에서 선보이고, 이로써 환자들에게 좀 더 빠르고 편안하게 제품을 이해할 수 있도록 도모한다고 기사는 쓰고 있다.

'플래그십 스토어(Flagship Store)'란 한마디로 기업의 주력 상품

매장을 뜻한다. 기업에서 출시하는 여러 제품 가운데 반응이 좋은 브랜드를 중심으로 홍보 활동을 펼쳐, 이것이 다른 브랜드까지 확산되게 하는 데 플래그십 스토어의 목적이 있다. 한국로슈진단은 자신들의 주력 사업인 당뇨 관련 제품을 앞세워, 병원을 찾는 환자들에게 적극적으로 본사 제품을 알리는 사업을 추진한 것이다. 환자들이 내방하는 병원이란 장소의 효용성을 극대화하는 공간 활용. 이것이 요즘 병원들이 주력하는 홍보와 마케팅 전략이다.

리브랜딩과 리노베이션으로 한 단계 업그레이드되다

나는 이 전략을 몇 년 전 강남에 한 병원을 개원하고 이후 리브랜딩하고 리노베이션할 때 적극적으로 활용하여 성공시킨 적이 있다. 병원을 개원할 당시 목표는 환자 중심의 진료 방식에 초점을 맞추어 병의 근본 원인을 찾자는 기능의학 병원 본연의 목표에 충실한 것이었다. 갑상선을 비롯한 비만과 당뇨, 골다공증 클리닉, 신경계와 비뇨기계, 호흡기와 피부질환 등을 포함하여 만성통증을 관리하는 등 영양학, 만성내과질환, 갑상선 등 다양한 의학 분야를 융합하여 질병 치료에 그치지 않고 예방과 건강 유지에도 초점을 맞추는 것이었다.

나는 병원 개원 때부터 내 머릿속에 그림을 그려둔 콘셉트에 따라 병원을 세팅했다. 의료와 영양제의 콜라보레이션, 발성 치료까지 접목한 전인적 교정 프로그램 등 다양한 기능검사와 클리닉으로 내원 환자들의 다각화를 꾀한 것이다. 이런 기치 아래 대표 원장님을 포함하여 전 직원이 병원 콘셉트에 맞게 운영해 나가는 데 마음을 맞춘 덕분에 병원은 환자들이 몰려드는 인기 병원이 되었고, 이후 몰려드는 내원객들을 소화하기 위해 건물 내 1.5개 층을 확장하는 리노베이션을 진행하게 되었다.

확장 당시 내가 가장 주안점을 둔 것은 '병원 같지 않은 병원', 내방하는 환자들에게 '고급스럽고 우아한 경험'을 해줄 수 있는 병원이었다. 병원에 진료를 받거나 아픈 곳을 치료하기 위해서만 오는 것이 아니라, 병원 인프라를 '즐기고 누리기' 위해 오는 것으로 고객 경험을 만들고자 한 것이었다. 당시 병원이 위치한 건물은 한 개 층이 100평에 달했기에 공간을 활용하기에도 아주 좋았다.

병원의 고급화가 공간과 직원에게서도 느껴지도록

병원의 확장은 동선을 효율적으로 꾀하는 것과 가능을 분리하는 것을 목적으로 했다. 데스크에서 환자에게 접수를 받는 것부터 진료, 검사까지 병원에서 이루어지는 환자의 동선을 고려해서 내원하는 환자들이 효율적으로 이동하도록 하는 데 주안점을 두었다.

기존에 진료를 진행하던 10층은 접수 데스크와 검진센터, 영양제실 등 여러 검사실을 두어 빠르고 정확한 접수와 진료, 초진 검사가 한꺼번에 이루어지도록 했고, 무엇보다 내원하는 환자들이 병원에 머무는 동안 편안함을 느끼도록 하는 데 초점을 맞추었다.

공간이 아름다우면 오래 머물고 싶은 마음이 생기기 마련이다. 밝은 톤의 조명과 벽면을 따라 배치한 간접조명, 깔끔한 인테리어로 단정하고 고급스러운 분위기를 낸 것은 물론이고, 마치 환자들이 호텔에 온 듯한 느낌을 가질 수 있도록 데스크를 비롯한 전 직원들의 용모와 말투, 태도를 모두 점검했다.

당시 확장한 공간은 4층이었다. 4층은 맘모톰(mammotome)과 고주파 시술, 도수치료, 1인 수액, 입원실 등으로 이루어졌는데, 이곳엔 VIP 내원객과 IV주사 전용 공간을 갖추어 편안한 휴식을 취할 수 있도록 하였다. 이 모든 것의 콘셉트는 '고급화' 전략이었다. 그 당시 기능의학을 기반으로 한 의원의 진료 영역은 매우 다양했다. 아토피나 대장염 등 자가면역질환을 치료하는 것에서부터 대사증후군을 비롯한 기능의학적 비만 치료, 해독과 면역력 강화, 근골격계 치료, 호르몬 치료까지 실제 아파서 오는 환자부터 예방과 관리를 위해 오는 환자까지, 환자의 스펙트럼도 넓고 다양했다. 다른 기능의학 의원들과 비슷한 비용이라면, 환자들은 훨씬 고급스럽고 잘 꾸며진 병원을 선택하는 게 당연하다. 나는 이를 위해 백화점에서 쓰는 'VIP 관리법'을 우리 병원에 차용했다. 직원들의 유니폼, 접수 데스크 직원의 멘트와 발음 교정까지 세밀하게 체크하고 활용했다. 그 결과, 병원 매출과 예약 대기환자 수는 급격히 상승했다. 치열하다는 강남대로에서, 우리 병원의 고급화 전략은 내방 고객들은 물론이고 잠재고객에게도 뛰어난 효과를 발휘했다.

병원 마케팅에서 벗어나야 보인다

내가 병원의 고급화 전략에 성공할 수 있었던 이유는, 병원 마케팅에서 벗어난 시각으로 병원 콘셉트를 설계했기 때문이다. 병원이지만 병원 같지 않은 병원, 병원을 찾았지만 병원에 온 것 같지 않은 병원, 병원 문을 나서면서 다시 찾아오고 싶게 만드는 병원을 만드는 것이 내가 머릿속에 그렸던 병원의 이미지였다.

병원 마케팅에서 벗어나려면 내원객들을 '환자'로 보기 전에 '소비자'로 보는 시각이 필요하다. 이들이 우리 병원을 다시 찾게 하려면 어떻게 해야 하는지, 이들이 우리 병원에서 한 가지 시술을 더 받게 하려면 어떤 니즈를 충족해주어야 하는지, 이들이 딸이나 엄마, 또는 자매와 친구의 손을 잡고 같이 찾아오게 하려면 어떤 '서비스'와 '보상'이 필요한지를 끊임없이 생각한다면, 그 답은 의외로 쉽게 얻어진다.

근래 들어 점점 발에 차이는 게 기능의학 관련 의원인 강남에서 기능의학 병원을 개원해 무사히 안착하고, 오래 지나지 않아

리브랜딩과 리노베이션까지 성공한 A 병원의 성공 비결은 '고급화' 전략, 바로 거기에 있다고 해도 과언이 아니다. 여기엔 MSO인 나를 믿고, 나의 컨설팅과 콘셉트를 신뢰하고 따라와 준 원장님의 열린 마음도 한몫을 단단히 했다고 생각한다.

성공과 실패는 백짓장 하나 차이라고들 말한다. 나는 잘되는 병원과 실패하는 병원의 차이도 큰 것에서 있지 않다고 생각한다. 변하는 고객(환자)을 연구하고 변하는 시장을 늘 눈여겨본다면 누구나 성공하는 병원, 매출이 확장되고 예약 대기환자가 꾸준히 늘어나는 병원이 될 수 있을 것이다.

Success2 : 유대감 있는 직원으로 내실을 탄탄하게 다진 B 병원

직원이 또 나갔습니다

어느 날 알고 지내던 병원장님으로부터 전화가 걸려왔다. 몇 년 전 병원 개원을 진행할 때 조언과 도움을 드린 원장님이었다. 간략히 서로의 안부를 묻고 나자 원장님이 한숨을 쉬며 말했다.

“유 대표, 우리 병원 직원이 또 나갔어. 이게 벌써 몇 번째인지 모르겠어. 심사숙고해서 뽑아놓으면 석 달을 못 채우고 나가니 병원 상담 진행이 원활하지가 않아. 환자들도 처음 상담했던 실장이 다음번에 오면 또 바뀌어 있으니 불편해하고. 어쩌면 좋아?”

이 원장님은 개원한 지 몇 해가 지나 병원이 비교적 안정적으로 운영되고는 있으나, 직원들의 잦은 교체로 인해 심한 스트레스를 받고 있었다. 특히 시술 프로그램을 중심으로 운영되는 병원들은 환자들이 장기적으로 관리, 시술을 받으러 오기 때문에 장기 근속하는 직원이 있어야 병원 운영과 관리에 차질이 없다. 그런데 상담 실장을 비롯한 직원들이 전반적으로 들락날락하니, 병원장의 고민이 깊어질 수밖에 없었다.

들락날락하는 직원, 어찌해야 할까?

병, 의원 직종은 원래 직원 이슈가 심한 곳이다. 들락거리는 직원도 많은 데다 또 장기 근속하는 직원이 드문 직종이기도 하다. 특히 피부과나 성형외과를 비롯해 시술이나 상담의 비중이 큰 병원들은 직원들 간의 친밀도가 병원 분위기에 큰 영향을 끼치므로 직원 관리, 장기 근속 직원, 팀장급 직원의 역할이 클 수밖에 없다.

나는 그 원장님에게 역으로 물었다.

"원장님, 직원이 나간 이유를 정확히 파악하고 계신가요? 원래 병원은 직원들의 들락거림이 심한 곳이니 그러려니 하고 계시지 말고, 어떤 이유 때문에 자주 교체되는지 아시는 게 중요해요."

내가 묻자 원장님은 그런 이유까지는 생각해보지 않았다며, 팀장급에게 물어봐야겠다고 했다. 이후 원장님에게서 들은 이야기는 내 예상을 빗나가지 않았다. 직원들 사이의 알력, 보이지 않는 끼리끼리 문화가 새로 유입된 직원이 설 자리를 마련해주지 않았던 것이다. 나는 원장님에게 단도직입적으로 말씀드렸다.

"병원 문화를 주도하는 직원이 분명히 있을 거예요. 그 직원을 단호하게 관리하셔야 합니다. 그러지 않는 한 직원 이슈는 끊임없이 일어날 거예요."

원인 파악과 빠른 판단, 실행이 답이다

앞에서도 말했듯, 나 역시 직원들의 그릇된 조직 문화로 인해 고심했던 적이 있다. 당시 주의 깊게 살펴보니, 편을 가르고 왕따를 주동하는 일이 우리 병원에 널리 퍼져 있었다. 당시 내가 관리, 운영하던 병원의 이 같은 '태움' 문화는 한두 명의 직원에게 충고하는 것으로 해결될 수준이 아니었다. 그래서 과감하게 전 직원을 모두 해고하고 제로베이스에서 다시 시작했다.

직원 이슈가 심각해졌다면, 과감히 다 털어버리고 갈 각오까지 해야 한다. 이상하게도, 병원은 의료진(간호사와 간호조무사를 포함해서)끼리의 보이지 않는 세력 다툼에 데스크와 상담실 직원까지도 가세해서 훨씬 복잡다단한 관계가 얽혀 있는 곳이 많다. 한두 명이 물을 흐리는 것이라면 잘못된 분위기를 따끔하게 바로잡을 수 있지만, 조직문화로 자리 잡은 경우에는 처음부터 다시 세팅하고 시작해야 할 때도 있다. 이런 판단은 병원장이 믿을 만한 직원과의 면담을 통해 파악해야 하며, 판단이 끝났다면 이를 즉각 실행에 옮겨야 한다.

인하우스에서 인재를 발견하라

빠르게 판단하고 실행했다면, 이제 직원 세팅을 다시 할 차례다. 나는 이런 경우, '인하우스'에서 맞춤한 인재를 찾으라고 권하곤 한다.

"원장님, 상담은 물론이고 데스크 직원 관리부터 운영하는 전반을 맡아서 해줄 직원을 뽑으셔야 합니다. 밖에서 채용하기보다는 현재 있는 직원 가운데 그럴 재목이 있는지부터 살펴보세요. 분명히 있을 거예요."

나는 병원장님에게 인하우스에서 한번 인재를 찾아보라고 말씀드렸다. 그러나 병원장들의 경우 진료 이외의 일에는 신경을 못 쓰거나 안 쓰는 터라, 직원 개개인의 특장점을 알기도 힘들고, 이들의 성격이나 성향을 파악하기는 더더욱 힘들어하는 경우가 태반이다.

몇 년 전, 나는 이런 이유로 고민을 하는 병원장님을 돕기 위해 일정 기간 병원에 출퇴근하면서 직원들을 세팅해드린 적이 있다. 당시 나는 병원 직원으로 합류하지는 않았지만, 병원 이곳저곳 부서를 돌아다니며 직원들이 맡은 바 역할과 담당하는 일을 점검하고, 업무 적합도를 나름대로 체크했다. 몇 주간 살펴보니 팀장급의 실장 역할을 맡겨도 좋을 직원이 눈에 띄었다. 나는 그 직원을 실장급 간부(팀장)로 병원장님에게 추천했고, 이후 B 병원의 분위기는 확연히 달라졌다.

병원에 '내 사람' 하나 정도는 만들자

병원의 상담실장, 총괄실장은 의료 기관의 중요한 직책으로, 다양한 역할과 책임을 맡고 있다. 병원 전체의 일정을 조율하고 장비나 물품 등을 구비하는 일도 이러한 실장직이 맡는 경우가 대부분이다. 특히 초진 환자들이 상담실장과 상담을 할 때 받는 이미지는 병원의 첫인상을 좌우할 만큼 중요하다 할 수 있다. 게다가 상담실장은 의료진과 환자가 원활한 커뮤니케이션을 하는 데 중요한 역할을 하므로 이들의 의사소통 능력에 따라 병원 운영의 성패가 좌우된다고 해도 과언이 아니다.

따라서 나는 많은 원장님들에게 병원에 '내 사람' 한 명 정도는 반드시 만들어놓으라고 조언한다. 내 사람을 만들기 위해서는 원장님이 먼저 믿음과 신뢰를 주어야 한다. 그리고 이들에게 마땅한 권위와 역할도 부여해야 한다. 직원들이 모인 자리에서 실장의 역할을 확인해주고, 이들에게 마땅한 직급과 직위를 부여하는 일도 반드시 필요하다.

B 병원장님은 내부 직원을 상담실장으로 임명하고 팀장으로 승진시키면서, 더 이상 직원 이슈에 시달리지 않게 되었다며 고마움을 표했다. 든든한 팀장이 병원 관리와 운영의 중심을 잡아주니 환자수도 더욱 안정적으로 늘게 되었고, 더 이상 직원들끼리 불필요한 마찰로 에너지를 소모하는 일도 없어졌다. 일을 잘하는 것은 중요하지만, '일'을 하는 것은 어디까지나 사람이다. 이것이 '믿음직한 내 사람' 하나가 병원에 있어야 하는 중요한 이유이다.

Success3 : 커뮤니티를 활용해 개인병원으로 당당하게 독립한 C 병원

병원 개원 전성시대

매년 의사국가고시가 끝나면 3,000여 명의 의사가 새로 배출된다. 의대에 들어가 의예과 2년, 본과 4년을 마치고 의사국가고시에 합격하면 일반의(GP)가 되고, 이후 1년의 인턴과 4년의 레지던트 과정을 거쳐 전공의가 된다. 이 시기 의사들은 전공을 선택하기 위해 수련병원에서 경험을 쌓게 되는데, 전공이 정해진 후에는 대부분 봉직의로 근무하게 될 병원을 선택하게 될 것이다.

요즘은 인기있는 진료 과목이 바뀌는 추세라고 한다. 몇 년 전까지만 해도 안과, 이비인후과 등이 인기 진료과였는데, 지금은 피부과나 성형외과, 가정의학과 등으로 지원자가 크게 늘어나는 추세라고 한다. 그 이유로, 아픈 환자를 보는 것보다는 일반 환자를 대상으로 하기 때문에 이를 장점으로 생각하는 지원자가 많은 데다가, 안정적인 소득을 기대하는 심리가 한몫을 한다는 분석이 많다. 그러나 반대로 수요와 공급 측면에서 볼 때 수요보다는 공급이 넘치는 시장이 될 수 있기에 봉직의로 근무할 경우 기대만큼의 연봉을 기대하기 힘들 수도 있다.

어떤 진료과목을 선택하든, 의사라면 누구나 한 번쯤은 자기 병원을 운영하는 꿈을 꿀 것이다. 특히 앞에 말한 피부과나 성형외과, 기능의학 병원의 개원을 염두에 두고 수련병원에서 차곡차곡 경험을 쌓는 이들이라면 더더욱 개원의에 대한 장기 계획을 세우는 이들이 많을 것이다. 이들 대다수는 수련을 마치고 봉직의로 일정 기간 근무하면서 개원을 차근차근 준비하곤 한다.

자기 의원을 차려 원장이 되려면 가장 먼저 무엇이 필요할까? 나는 무엇보다 '전문의' 자격증을 취득하는 게 최우선이라고 생각한다. 일반의도 얼마든지 개원이 가능하지만 환자들이 전문의와 일반의를 차이를 너무나도 잘 아는 요즘, 전문의 자격증 없이 개원을 하는 것은 레드오션인 의료 시장에서 스스로 경쟁력 하나를 상실하고 시작하는 것이 되기 때문이다. 환자들은 점점 똑똑해지고, 또 확실해지고 있다. 의원과 병원의 차이, '○○ 피부과'와 '○○의원 피부과'의 차이를 안다. 전문의가 진료를 할 경우엔 ○○ 정형외과/○○ 성형외과 등으로 이름 붙일 수 있지만, 일반의가 진료과목으로 진료할 경우에는 ○○의원 성형외과/ ○

○의원 피부과처럼 의원 뒤에 진료 과목이 붙는다는 사실도 인터넷 검색으로 쉽게 얻을 수 있는 세상이다.

종합병원 월급 의사에서 독립군이 되다

C 병원의 원장님은 개원을 준비할 무렵 나를 만났다. 원장님은 종합병원에서 몇 년간 전문의로 봉직생활을 마치고 개원을 준비 중이었다.

"이제 독립군이 될 준비를 하고 있습니다."

당시 원장님은 나를 만난 자리에서 이렇게 농담을 하시며, 어디에서부터 개원 준비를 해야 하는지 가이드로 삼을 만한 자료가 없다며 도움을 요청해왔다.

나는 원장님께 개원 준비부터 진행 과정을 설명해드리고, 무엇보다 '의사들의 커뮤니티'를 충분히 활용하시라고 권했다. 의사 커뮤니티란 말 그대로 의료 전문가들이 모여 의료 관련 주제에 대해 소통하고 정보를 공유하는 모임이다. 온라인, 오프라인 등 모임이 다양하며, 커뮤니티의 종류에 따라 의사, 간호사, 약사, 기타 의료 전문가들과 학생이 포함된 커뮤니티도 있고, 별도로 전공의들끼리 모인 커뮤니티도 있다.

개인병원은 개인이 자신의 이름과 전문의 자격을 걸고 의료 서비스를 제공하기 위해 독립적으로 운영되는 개인 소유의 의료 기관이기에 시스템 구축부터 운영 방침, 관리 방법, 직원 채용을 모두 주관해야 한다. 인테리어 업체 선정하는 것부터 자재와 장비를 구입하는 일까지 모두 개인의 힘으로 준비해야 하기에 발품을 많이 팔아야 하며 조사도 그만큼 많이 해야 한다. 평생 공부만 하고 병원에서 환자만 봐오던 의사 선생님들이, 갑자기 '사업가'가 되어 비즈니스 마인드로 주춧돌부터 세워야 하는 셈이다. 그래서 동료 의사들, 동료로 구성된 커뮤니티의 도움과 정보가 반드시 필요하다.

의사들 커뮤니티에는 없는 것이 없다

C 병원 원장님은 자신이 졸업한 학교의 커뮤니티를 비롯한 여러 의사 커뮤니티에서 기초 정보를 얻었다. 그리고 동종 진료과로 개원한 선후배로부터 추천을 받아 인테리어 업체와 장비 업체를 소개받았다. 커뮤니티를 활용해서 좋은 점은 검증이 충분히 된 업체와 별도의 발품 없이 연결될 수 있다는 점이었다. 더불어 의사 커뮤니티는 같은 직업군, 같은 고민을 가진 사람들이 모인 곳이라 개원 관련 정보를 찾기도 수월할 뿐 아니라, 미리 개원을 해본 선후배의 충고와 조언도 들을 수 있고, 개원 때 생길 수 있는 이슈와 꼭 챙겨야 할 사소한 팁들도 전해들을 수 있었다.

C 병원의 원장님은 커뮤니티 회원들로부터 장비와 인테리어 업체 등을 소개받는 데서 더 나아가 개원 시 확인해야 할 체크리

스트도 제공받았고, 함께 일할 직원도 소개받았다. 안정되게 병원을 운영하고 있는 병원장으로부터 직원을 연결해 면접을 볼 수 있었다. 커뮤니티 안에서는 이뿐 아니라 직원 채용 시 주의해야 할 점과 면접 때 봐야 할 태도와 질문까지 도움받을 수 있었다.

업체의 빠르고 편한 소개만을 믿지 마라

내 경험에서 조언하고 싶은 부분은 특히 업체의 소개를 통해 다른 업체를 소개받고 하는 식으로 소개와 소개가 연결되는 형태로 업체를 선정하지 말라는 것이다. 예를 들면, 주사제를 납품하기로 한 주사업체 직원이나 대표에게 장비업체를 소개받고 소모품 업체도 소개받는 등 병원의 여러 관련 부서를 업체의 소개 형태로 연결하는 것이다. 이럴 경우 자칫 개원 후 좀 더 다양한 루트로 업체를 알아보게 되었을 때 소개로 알게 된 업체보다 훨씬 조건이 좋거나 혜택이 나은 경우가 많아 오히려 손해를 보는 경우가 많다. 그래서 내 경우, 정말 급해서 아는 업체를 통해 다른 업체를 소개받아야 할 때는 매우 깐깐하게 체크하는 편이다.

최근에 나는 급하게 원내에 중고 장비를 팔아야 하는 동시에 다른 최신의 중고장비를 바로 구매해야 하는 이슈가 생겨 평소 거래도 오래 했고 친하게 지내던 원내 관련 업체에게 관련 업체를 소개해달라고 부탁하게 되었다. 그렇게 업체를 소개받아 견적을 기다리던 중, 나 나름대로도 여러 업체를 알아보고 몇몇 군데에서 견적서를 받아보게 되었다. 추후 소개받은 업체의 견적서와 내가 직접 알아본 업체의 견적서를 비교하게 되었는데, 결과적으로는 '아무리 바쁘고 급해도 내가 직접 알아보고 비교해보길 잘했구나'라는 생각을 할 수밖에 없었다. 견적도 그렇고 서비스 항목에서도 너무 큰 차이로 내가 알아본 업체가 훨씬 나았던 것이다.

물론 소개해준 업체의 말대로 그들 나름대로는 '좋은' 업체를 소개해준 것일 테지만, 그들에게 좋은 업체란 친하고 빠르게 소개가 가능한 업체였던 것인지 나에게 '최고'의 견적과 조건의 업체는 아니었던 것이다.

결론적으로, 빠르고 쉽게 업체나 거래처의 소개를 받는 것도 좋지만, 의사들의 커뮤니티에 올라오는 생생한 업체 후기 및 정보(물론 광고성은 아닐지 의심해 봐야 하지만, 대부분 의사분들의 커뮤니티는 인증을 통해 의사만 글을 올리고 볼 수 있다)만큼 솔직하고 좋은 정보는 없으니 스스로 시간과 품을 들여 알아보는 것이 가장 현명한 방법이라고 생각한다. 의사 커뮤니티를 포함해 다양한 루트를 통해 알아보고 직접 꼼꼼히 비교해보자.

지역 커뮤니티와도 협력하다

종합병원의 시스템과 개인병원의 시스템은 엄연히 차이가 있다.

따라서 철저하고 꼼꼼하게 체크하여 준비하는 것만이 개원 초기에 맞닥뜨릴 위험을 줄이는 길이다. C 병원 원장님은 의사 커뮤니티를 활용해 이중, 삼중으로 체크하여 개원을 준비한 덕에 별다른 문제없이 병원 운영을 해나갈 수 있었다.

이후 원장님은 동료 후배 의사로부터 지역 커뮤니티와 협력하는 마케팅 방안을 전해 듣고, 지역 커뮤니티도 적극적으로 활용했다. 활성화된 커뮤니티를 통해 병원의 진료과목을 상세히 소개하고 어떤 서비스와 시술 프로그램을 제공하는지, 그리고 환자들의 'Before'와 'After'의 차이는 어떠한지를 구체적으로 홍보했다. 이 전략이 먹혀, C 병원은 그 지역 주민들로부터 신뢰받고 인기 있는 병원으로 빠른 시일 내에 발돋움할 수 있었다.

준비와 겸손만이 살 길이다

장사는 손님의 마음을 얻는 것이라고 한다. 손님의 마음을 얻으려면 손님의 마음을 있는 그대로 알아야 한다. 그러기 위해서는 철두철미하게 준비하고, 연습하고, 복습하는 일밖에 없다. 나는 병원도 마찬가지라고 생각한다. C 병원을 개원할 때 원장님이 이런 겸손과 배움의 자세가 없었다면 그렇게 빠른 시일 안에 병원이 자리를 잡을 수 있었을까?

손님(환자)을 제대로 알고, 손님이 원하는 바가 무엇인지 먼저 장사한 선배들로부터 조언을 구하는 것. 그리고 이후에 이를 바탕으로 자기만의 색깔을 입혀 끊임없이 환자들의 이목을 집중시키려 노력한 것. 이것이 C 병원을 오늘의 위치로 만들었다고 나는 확신한다.

Failure1 : 초심을 잃자 콘셉트도 환자도 모두 잃게 된 D 병원

원장님, 그러시면 안 됩니다

내가 알던 D 병원은 예약환자들로 1년 대기가 걸릴 정도로 환자들에게 인기가 좋은 곳이다. 초기 워낙 임대료가 비싼 곳에 개원을 했기에 가격 경쟁력이 약했으나, 원장님의 수준 높은 진료와 성의 있는 상담, 내원한 환자들의 좋은 후기가 더해지면서 강남 지역에서 금세 자리를 잡았고, 입소문이 더해지면서 병원도 날로 확장을 이어갔다.

그러던 어느 날, D 병원의 직원으로부터 전화가 걸려왔다. 대표원장님이 매출이 안 나오면 경리팀을 불러놓고 호통을 친다는 것이었다. 병원 매출 하락의 책임은 일차적으로는 진료를 보는 원장에게서 찾아야 한다. 그런 다음 병원의 시스템이 잘 작동하는지, 관리 부실은 없는지 등 순차적으로 원인을 파악해야 한다. 그런데 이 원장님은 그달 매출이 전달보다 떨어지면 경리팀을 불러 닦달을 하고 화풀이를 한다는 것이다.

또한 D 병원은 콘셉트에 맞지 않는 피부 미용과 성형외과 상담 진료도 늘려가고 있다고 했다. 애초 D 병원의 진료과목은 신체 독소 해독과 에너지 호르몬 대사 균형, 비만과 당뇨 및 만성질환에 관련한 기능의학에 초점을 맞춘 곳이었다. 그런데 매출이 하락하는 것이 보이자 당장 현금이 되는 피부 미용과 성형외과 쪽 환자 상담을 하고 있다는 이야기였다.

D 병원의 아슬아슬한 문제는 여기서 그치지 않았다. 마약류를 포함한 수액, 주사제 관리를 철저하게 하지 않고 있다가 월말에 장부를 맞추느라 '가짜'로 입력을 시키게 한다는 것이었다. 게다가 주사제 관리와는 상관없는 직원들에게까지 그 일을 맡기는 바람에 직원들 사이에서는 불안하고 힘들다는 불만이 터져나오고 있었다. 수액을 포함한 주사제는 그날그날 철저하게 입출고를 기록해서 관리해야 한다. 어떤 수액과 주사제가 얼마나 처방되고 쓰였는지, 어느 환자에게 어떤 명목으로 쓰였는지 그때그때 입력해서 관리해두지 않으면 중간에 실수로 누락이 발생하게 되고, 이런 케이스가 쌓이면 결국 재고와 입력 값이 맞지 않아 큰 낭패를 볼 수 있기 때문이다. 직원에게 전해들은 이야기로 미루어 짐작할 때, D 병원은 여러 곳에서 구멍이 뚫리기 시작한 것으

로 보였다. 초심을 잃어도 단단히 잃었다는 생각이 들었다.

주사제 투약 실수가 빚은 참극

2022년 5월 제주대학교병원에서 13개월 된 영아가 '에피네프린(epinephrine)' 약물을 치사량 주입받고 어이없이 목숨을 잃는 일이 있었다. 당시 영아는 코로나19 치료를 받던 중이었는데, 간호사의 투약 오류로 인해 어이없이 사망하고 말았던 것이다. 에피네프린은 호흡기 치료용으로 사용되는 것이긴 하나 심정지 상황에서도 사용하는 약물로, 의료진과 간호사의 특별한 주의와 관심이 필요한 약물이었다. 그런데 해당 간호사는 신생아에게 적정량의 50배에 달하는 양을 주사했던 것이다.

이 일은 여론의 공분을 불러일으켰다. 병원의 안일한 주사제 관리와 투약 오류, 그리고 그 뒤에 이어진 거짓 진술과 은폐 시도에 이르기까지 무책임으로 일관한 대형병원과 의료진의 태도에 많은 이들이 실망과 분노를 금치 못했던 기억이 있다.

이처럼 의료사고는 눈 깜짝할 사이에 벌어진다. 그러나 사망사고에까지 이르지는 않더라도, 병원에는 마약류 주사제가 얼마든지 유통되는 곳이다. 철저하게 관리되지 않으면 자칫 오남용을 넘어서 환자의 건강까지 위협하는 상황을 맞을 수 있는 것이다.

수면마취제가 숨긴 불편한 진실

잊을 만하면 보도되는 연예인 관련 뉴스 가운데 단골로 등장하는 소재가 있다. 바로 '프로포폴 불법 투약', '우유주사 중독' 같은 단어가 그것이다. 수면내시경 검사 등을 받을 때 수면마취제로 쓰이는 '프로포폴'이 일반인에게 본격적으로 알려진 계기는 2009년 마이클 잭슨의 사망 원인으로 지목되면서부터였다. 경찰 조사 결과 마이클 잭슨의 사체에서 치사량 수준의 이 약물이 검출되었는데, 당시 주치의가 마이클 잭슨의 불면증을 치료한다는 목적으로 6개월간 매일 프로포폴을 투여했음이 드러났던 것이다.

프로포폴은 환자를 무의식 상태로 만들어 수술을 진행하거나 통증을 완화하는 데 쓰이는 약물이지만, 최근에는 잠재적인 마약성분으로 남용되는 등의 문제가 제기되어 의료 전문가들 사이에서 처방을 두고 논란을 빚고 있다. 의사의 처방에 따라 적절히 사용하면 효과가 뛰어난 약이지만, 불법적으로 사용하면 사람을 파탄에 이르게 하는 무서운 약물인 것이다. 이에 우리나라에서는 2011년부터 향정신성의약품으로 지정되어 관리되고 있다.

그런데 마약류로 관리되어야 할 프로포폴이 돈에 눈이 먼 일부 의사들의 불법 처방으로 사용되는 경우가 종종 보도되고 있다. 최근에는 강남의 한 의원 소속인 의사가 배우 유아인에게 프로포폴을 불법 처방하고 스스로도 불법 투약을 하다 마약관리법 위반 혐의 현행법으로 체포되기도 했다. 이처럼 연예인과 재벌 2

세뿐 아니라 강남의 피부과, 성형외과 등의 의원들에서 상습적으로 프로포폴을 투약 받다가 중독자의 길에 들어선 일반인들의 사례는 드문 이야기가 아니다. 이는 그만큼 이 주사제가 우리 일상에 깊숙이 침투해 있다는 방증이다.

관리도 처방만큼 중요하다

프로포폴은 대표적인 향정신성 약제이지만, 이 외에도 병원에는 철두철미하게 관리되어야 할 마약류 주사제가 많다. 펜타닐, 졸피뎀, 식욕억제제로 쓰이는 펜디메트라진 등. 특히 펜디메트라진은 청소년들 사이에서 다이어트에 효과가 좋다는 소문이 나면서 '나비약'으로 불법 유통되어 그 폐해가 〈그것이 알고 싶다 — 나비약과 뼈말라족〉에 방영되기도 했다. '나비약'은 병원에서 처방받아야만 구할 수 있는 약이었는데도, 취재진들은 방문한 병원에서 한 달 치를 아주 쉽게 손에 넣을 수 있었다.

물론 나에게 고민을 토로했던 직원이 다니는 병원장님이 이런 마약류를 불법으로 처방하거나 유통한다는 의미는 아니다. 그러나 마약류를 제대로 관리하지 못하는 일은 또 다른 의미의 리스크로 돌아올 소지가 다분하다. 기록이 한두 번 누락되고, 한두 주 밀리면서 무리하게 장부를 맞추다 보면 어디에선가 구멍이 뚫리게 마련이다. 그리고 그 일을 수습하는 일은 원칙에서 벗어나는 방식이 될 수밖에 없다. 특히 이 병원처럼 직원들에게 하지도 않은 일을 거짓으로 입력하게 시키는 일을 하다 보면, 병원 관리는 그 기본부터 무너지게 되고 만다.

초심을 잃으면 병원이 길을 잃는다

내가 아는 한 원장님은, 개원 이후 단기간 내에 급성장하는 데 성공했다. 그 원장님의 성공 비결은 환자를 진심으로 대하는 마음과 성실한 진료, 성의가 묻어나는 친절하고 상세한 상담이었다. 그래서 개원 초기부터 환자들의 입소문을 타기 시작했고, 환자들이 연결되면서 빠른 시일 내에 안정적인 매출을 올릴 수 있었다.

그런데 병원이 안정화 단계에 이르고 매출이 급상승하면서 확장하게 되자 원장님의 초심이 흔들리는 게 보이기 시작했다. 앞서 나에게 고민을 털어놓았던 직원이 근무하던 병원처럼 주사제 관리를 허술하게 하기 시작했고, 때때로 환자들에게 과도한 처방을 내리기도 했던 것이다. 원장님의 진료 방식이 변하기 시작하자 병원에는 점점 진정한 건강관리를 위한 치료를 받기 위해 찾아오는 환자들이 아닌, 옳지 않은 방식으로 안정 주사제를 맞기 위해 내방하는 환자들이 갑자기 늘어나기 시작했다.

법적인 위험도 그렇지만 무엇보다 병원 경영 관리의 차원에서 이런 일이 매우 위험한 이유는, 한두 명 이런 환자들을 받아들이는 순간 병원의 분위기가 바뀌기 때문이다. 한두 명의 환자는 곧 열 명의 주사제 환자를 불러오게 되고, 그리 되면 병원 대기실은 곧 이런 부류의 환자들 차지가 되고 만다. 내방하는 환자의 유형과 수준이 바뀌면 병원의 이미지와 콘셉트도 바뀌게 된다. 개원 때 생각했던 병원의 이미지, 병원장으로서 어떤 모델의 병원으로 만들고자 했던 밑그림 등이 모두 허물어지는 것이다. 대표원장이 초심을 잃으면 병원의 콘셉트도 사라지고, 환자들의 커뮤니티와 팬덤도 없어진다.

나는 이런 안타까운 경우를 드물지 않게 목격했다. 초심을 잃어 병원 콘셉트가 바뀌고, 내방하는 환자들의 유형이 바뀌어 급기야는 병원의 수준이 떨어지게 되는 병원. 그 병원은 그렇게 초심을 잃고 시장에서 점점 영향력을 잃고는 '그저 그런 흔한' 병원 중 하나가 되어갔다.

초심을 잃으면 환자들이 먼저 알아본다. 그리고 한번 떠난 고객(환자)의 발길을 되돌리는 데는 개원 때보다 훨씬 많은 품과 정성이 들어가야 한다. 나는 D 병원이 이런 전철을 밟지 않기를 간절히 바라고 또 바란다. 초심을 잃으면 모든 것을 잃게 되고 두 번째 시작하는 것은, 어쩌면 처음 시작하는 것보다 훨씬 어려울 테니까.

Failure2 : 관리 부실이 병원 부실로 이어진 E 병원

'일관성'이 곧 시스템이다

앞에서 나는 초심을 잃은 병원이 어떻게 자기가 설 자리를 스스로 잃어가는지 내가 직·간접적으로 경험한 사례로 소개했다. 주사제 관리, 환자 관리, 그리고 진료하는 원장 스스로의 멘탈과 마인드 관리까지 병원이 가져가야 할 '방향'에는 일관성이 있어야 한다. 이 일관성을 상실할 때 우리는 방향을 잃게 되고, 방향을 잃으면 제자리로 돌아오는 일은 결코 쉽지 않다. 그래서 나는 개원하는 병원장님들에게 초반에 정한 '원칙대로' 흔들리지 말고 관리할 것을 강조한다. '원칙'이 한두 번 깨지면 관리가 되지 않고, 이런 일이 두세 번 반복되면 총체적인 병원 부실로 돌아오기 때문이다.

그렇다면 '관리'를 제대로 하기 위한 가장 좋은 방법은 무엇일까? 바로 '일관성'을 유지하는 일이다. 방향에도 일관성이 있어야 하듯, 관리하는 일에도 일관된 태도와 방법이 고수되어야 하는 것이다. 그런데 이 일관성을 유지하기가 생각보다 쉽지 않다. 개원 초기에는 팽팽한 긴장감이 유지되기에 관리 원칙으로 정한 방법이 그대로 적용될 수 있다. 데스크 직원의 접객 태도와 예약 전화 받는 방법, 환자를 응대할 때 눈높이와 발음, 그리고 목소리 톤까지, 처음 훈련하고 연습한 대로 유지된다. 그러나 환자가 늘어나고 긴장감이 사라지면서, 곧 '타성'이라는 습성이 나타나기 시작한다. 한두 번쯤 원칙을 깨는 일이 생기게 되고, 바쁘다는 핑계로 빼먹는 일이 늘어나기 시작한다. '일관성'이 깨지는 것이다.

체크리스트까지 챙겨서 개원한 꼼꼼한 병원장

철저한 직원 관리, 주사제 관리, 원칙 관리로 유명했던 E 병원의 사례다. E 병원은 개원 초기부터 병원 시스템을 확실히 정립하고 시작했다. E 병원의 대표원장님이 워낙 꼼꼼하고 또 깐깐한 원칙주의자였기에, 데스크 직원부터 간호사, 행정 및 상담실장까지 직접 면접을 보고 채용했으며, 직원들 간의 알력이나 다툼이 일어나지 않도록 살피는 일에도 주의를 기울였다.

E 병원 원장의 꼼꼼함이 어느 정도였는가 하면, 데스크 직원의 책상에 전화 문의 환자가 물어올 예상 질문과 답변을 적은 대

본까지 직원을 시키기보다 본인이 직접 준비해둘 정도였다. 그만큼, E 병원장은 자신의 병원이 '프로페셔널하게' 인식되기를 바랐던 것이다. 데스크 직원의 컴퓨터에는 늘 환자의 예상 질문에 대한 답안 스크립트, 그리고 병원 홈페이지와 함께 인터넷 검색창을 띄워놓아, 환자가 갑자기 물어올 질문에 대비하도록 했다.

데스크가 이 정도로 환자 관리를 하도록 했으니, 그 뒤에 이어질 주사실과 시술실, 상담과 진료의 매뉴얼은 또 얼마나 꼼꼼하고 철저했는지는 말 안 해도 짐작할 수 있었다. 이런 일관된 노력과 정성 덕분에 E 병원을 찾는 환자는 점점 늘었고, 예약부터 초진까지 3개월을 기다려야 할 정도가 되었다.

하나가 삐끗하더니 연쇄 반응이 일어나다

그렇게 2년이 지나고 3년째 이르렀을 때 E 병원에 찾아갔던 일이 있다. 근처에 볼일이 있어 일을 본 뒤 잠시 시간을 내 원장님을 만나려던 참이었다. 그런데 병원에 들어간 순간, 내 눈에 띈 것은 뚱한 표정의 데스크 직원들이었다. 데스크는 병원의 첫인상이라고 할 수 있다. 병원 문을 들어서는 순간 조명과 인테리어 등이 아무리 단정하고 깔끔하다고 해도 접수를 받는 데스크 직원의 표정과 분위기가 '싸'하다면, 병원에서 받는 첫인상의 이미지는 그대로 굳어지게 된다.

데스크에서 원장님을 만나러 왔다는 용건을 전하고 대기실에서 기다렸다. 그런데 대기실 분위기도 왠지 모르게 썰렁했다. 당시는 코로나19 기간이었기에 저마다 마스크를 쓰고 대기실에 비치되어 있어야 할 커피나 차, 간식 등의 음료가 제공되지 않은 시기였다. 그런 것을 감안하긴 해도, 대기하는 환자들이 심심풀이로 볼 만한 건강 관련 책자라든지 병원 관련 홍보책자 등이 제공되어야 하는데도 불구하고, 소파 주위에는 오래된 잡지책 뿐이었고 어디에서도 병원의 치료에 관한 설명이 포함된 책자는 보이지 않았다. 눈에 띄는 것은 시술 프로그램의 단가만을 간단히 적어놓은 홍보물 정도가 다였다. 불과 2년 사이에 무슨 일이 있었던 것일까.

처음으로 돌아갔으면 좋겠어

원장님을 만나러 곧 진료실로 들어갔다. 내가 기억하는 E 병원 원장님은 밝고 유쾌하며 누구보다 농담을 즐기는 분이었다. 그런데 그날 진료실에서 만난 원장님의 표정은 무표정에 가까웠다. 반갑다며 나에게 웃음을 건네 왔는데, 예전의 자연스럽던 그 표정이 아니었다.

안부 인사를 서로 주고받고 요즘 근황을 서로 나누었다. 병원 운영은 잘 되시는지 묻는 나에게 원장님은 그냥 그렇다면서 시큰둥한 반응을 보이는 것으로 즉답을 대신했다. 나는 최근에 MSO를 맡아 개원 준비를 진행하고 있는 한 병원 이야기를 전해

드렸다. 외부에서 독립 파트너로 참여하게 되었다는 이야기와, 초반 세팅에 무엇보다 신경 쓰고 있다고 했다.

그러자 원장님이 갑자기 "나도 그때가 그립네. 처음으로 돌아가면 좋겠어."라고 하셨다. 원장님의 이야기를 들어보니, 초반에 세팅했던 관리 시스템이 제대로 작동되지 않아 고심이라고 했다. 그간 직원 교체로 대부분의 직원이 바뀌었는데, 잦은 교체로 인해 병원 분위기가 어수선해지고 행정과 상담을 맡은 실장의 업무 역량도 떨어져서, 전체적으로 체계적인 관리가 안 되고 있다고 했다. 원장님은 어디서부터 손을 대야 이 난관을 헤쳐 나갈지 모르겠다고 했다.

시발점을 체크하는 게 중요하다

원장님과 미팅을 마치고 나오면서, 나는 많은 생각을 하게 되었다. E 병원이 병원 경영에서 점점 일관성을 잃게 된 최초의 시점이 아마 있었을 것이다. 이는 데스크 직원의 잦은 지각에서 시작되었을 수도 있고, 행정과 상담 실장에게 주어진 과도한 매출 압박이었을 수도 있으며, 또 아주 사소하게는 주사제 관리를 하루 이틀 미루는 일에서 시작되었을 수도 있다. 어쩌면 대기실에 비치되어 있는 오래된 잡지를 제때제때 치우지 않는 일, 시술실 침대 시트에 묻어 있는 작은 얼룩에서 시작되었을 수도 있다.

그러나 그 일이 어디에서 시작되었든, 시발점을 놓치지 않고 체크하는 게 중요하다. 병원에 '내 사람'이 있어서 사소한 부분까지 체크하고 점검해줄 수 없다면, 병원의 주인인 원장이 매의 눈으로 이를 감시하고 체크해야 한다. 처음에 정한 원칙에서 벗어나서 예외가 받아들여지는 순간, 직원들은 느슨해지고 초반의 긴장감 있는 태도를 놓치게 된다. 그리고 일하는 직원들에게 긴장감이 없으면, 이 분위기는 고스란히 대기실의 환자들에게 전달된다. 그러다 보면 전체적인 병원의 분위기가 바뀌는 것이다.

병원장도 오너다

잔소리하는 사람을 좋아하는 사람은 없다. 그리고 간섭 받고 통제 받는 것을 반기는 사람도 없다. 그러나 병원은 아픈 사람, 몸이 불편해서 오는 사람을 치료하고, 이들의 불편함을 해소해주는 곳이다. 원칙을 까다롭게 정하고 관리를 철저히 하는 것이 무엇보다 최우선 과제가 되어야 하는 공간이라는 이야기다.

사소한 관리 부실을 그대로 넘기면 이는 전반적인 부실로 돌아온다. 비단 병원만이 아니라 회사도 마찬가지다. 열심히 일하는 직원과 대충 일하는 직원을 구별하여 상과 벌을 적절히 주는 오너, 성과를 올린 일에 대해서는 마땅한 보상을 해주는 오너에게 직원들이 충성하는 것은 당연하다. 만약 우리 병원의 매출이 떨어지고 있거나 점점 늘어나야 하는 신규환자 혹은 환자의 재방문율이 서서히 줄고 있다면 진료실에서 환자를 기다리고만 있을 것이 아니라 오너인 원장이 나서서 대기실에서부터 모든 영역을 점검하고 체크하는 모습을 보여주어야 직원들도 덩달아 문제점을 찾고 개선하려 나설 것이다.

E 병원의 원장님은 어디에서 길을 잃은 것일까? 병원을 나오는 발길이 무거웠다. 그러나 찬찬히 시간을 두고 일이 꼬인 시발점을 찾아 들여다본다면 어디에서부터 관리 부실의 씨앗이 싹텄는지 분명히 찾을 수 있으리라 생각한다.

Failure3 : 최신 장비를 진료 실력으로 착각한 F 병원

쓰지도 않는 최신 장비가 방 하나를 차지하다

병원 원장님들을 많이 만나다 보면 '장비' 욕심이 정말 큰 원장님들을 많이 보게 된다. 이분들이 장비를 사랑하는 이유는 대개 비슷하다. "우리랑 진료과목도 같은 ○○ 병원에는 있는 장비가 우리 병원에 없다는 게 말이 돼?", "경쟁병원에 최근 ○○ 레이저 장비를 들였대. 우리도 들여놓아야지 않겠어", "최신 장비가 있어야 환자들이 몰린다고" 등등.

어느 날 F 병원의 행정 실장으로부터 연락이 왔다. 병원에 한 번 방문해달라는 이야기였다. 병원에 들어가자 행정 실장은 나를 구석진 방으로 데려갔다. 문을 열자 방 하나를 최신 의료 기기가 꽉 채우고 있었다. 발 디딜 틈조차 없었다.

"아니, 이게 다 뭔가요?"

"뭐긴요. 원장님이 새로운 장비가 나올 때마다 들여놓으신 최신 장비예요. 우리 병원에서는 쓰지 않으니 가져가서 써보시겠어요?"

자세히 살펴보니 줄기세포 시술과 관련된 장비였다. 내가 알기로는 고가의 장비였고, 장비를 다루기 위해서는 별도의 트레이닝이 필요한 특수 장비였다.

"아니, 이 장비는 원장님의 시술 프로그램에 없는 줄기세포 관련 장비잖아요? 원장님이 이 장비도 다루셨어요?"라고 묻자 실장은 한숨을 쉬더니 말했다. "우리 병원에는 아직 없는 프로그램이죠. 그런데 원장님이 우선 장비부터 사고, 프로그램은 그 이후에 세팅하면 된다고 막무가내로 들여놓으셨어요. 그런데 원장님도 바쁘시고 프로그램을 세팅할 직원도, 상담할 직원조차도 없으니 장비만 놀고 있어요. 이 방에만 쓰지도 않는 고가의 장비가 한가득이에요." 말을 듣고 살펴보니, 포장도 안 뜯은 장비와 관련된 소모품 키트들이 한가득 쌓여 있었다.

장비 '빨'은 실력이 아니다

F 병원처럼 최신 장비나 당장 쓸 여력도 없는 장비를 아무런 고민없이 들여놓는 원장님들이 의외로 많다. 이분들이 이런 고가의 장비를 덥석덥석 계약하는 이유는 하나다. '장비가 곧 본인의 실

력이 되어준다'는 믿음 때문이다. 그러나 최신 장비는 '최신의 기술'을 필요로 한다. 어느 병원장님의 경우, 고가의 레이저 토닝 기계를 들여놓았는데 정작 기계를 다루고 쓸 줄 아는 의사가 없어 하염없이 놀리고 있는 경우도 보았다.

나는 당시 그 병원장님에게 왜 그 레이저 기계를 산 것이냐고 물었다. 그러자 병원장님은, 이 기기를 다룰 줄 아는 부원장을 한 명 더 채용하려고 했다고 답했다. 그러나 같이 일할 부원장급을 구하는 일은 쉽지 않다. 내가 원하는 실력을 갖추어야 하되, 마음도 맞아야 하고, 또 연봉과 조건 등도 잘 조율되어야 하기 때문이다. 데스크 직원도 한 명 더 채용하려면 이만저만한 품이 드는 게 아닌데, 부원장급을 채용하는 일은 더더욱 시간이 걸리는 일이다. 의사 커뮤니티를 활용하고, 선후배의 인맥을 총동원해서 수배해도 될까 말까 한 일인데, 그 병원장님은 아주 쉽고 간단한 해결책으로 믿고 있었다.

병원장님은 "그마저도 쉽지 않으면 내가 배워서 쓰지 뭐"라고 말했다. 그러나 그 말은 말로 그칠 공산이 크다. 대표원장님들의 진료 시간과 건수로 볼 때, 물리적인 여유 시간이 나지 않기 때문이다.

의료기기는 최신 스마트폰과 같다

장비 '빨'을 실력으로 믿는 원장님들이 마주하게 되는 결과는 또 있다. 설사 장비를 잘 다루는 부원장님을 채용하는 데 성공하더라도, 이미 시간이 어느 정도 흐른 뒤라 장비는 구형이 되는 것이다. 의료기기는 스마트폰과 같다. 끊임없이 새 제품이 나오고 기기가 업그레이드된다. 오늘 산 제품은 한 달이 지나면 구형이 되고 만다. 최신 장비를 들여놓아도 또 다른 최신이 언제든 나온다는 이야기다.

이처럼 의료기는 감가상각이 매우 큰 장비다. 원장님에 따라서는 장비는 대여하는 것이니 큰 지출로 생각하지 않는 경우가 있다. 게다가 병원의 비용으로 처리되는 부분이라 지출 포지션이 높지만 크게 신경 쓰지 않기도 한다. 그러나 렌탈비용도 엄연한 지출 항목에 포함된다. 병원의 비용으로 처리되는 것 또한 고가의 장비가 하나 둘 늘어나게 되면 지출에서 큰 부분을 차지하게 된다.

이런 방식의 경영이 위험한 것은, 이런 안일한 자금 집행이 자칫 직원들에게 잘못된 시그널을 주기 때문이다. 특히 앞선 사례에서 소개한 '매출 하락'의 원인을 경리팀에게서 찾는 원장님의 경우, 직원들은 원장의 잘못된 장비 구입, 그릇되고 과도한 장비 사랑을 직원들 탓으로 돌린다는 신호를 줄 수 있다.

일단 사고 나서 생각하는 이런 안일한 생각이 병원 콘셉트를 망치고, 병원이 애초에 목표로 했던 주 타깃층을 모호하게 만드는 결과를 많이 봐왔기에, '고가의 장비로 가득 찬 F 병원의 장비

방'이 내겐 단순한 사치로만 보이지 않았던 이유이다.

구슬도 꿰어야 보배가 되듯

고주파 열 치료, 맘모톰, 만성통증 관리를 위한 도수치료와 항산화 주사치료 외에 대체의학이나 신의료를 콘셉트로 하는 병원에서는 고가의 레이저 시술과 줄기세포 장비를 이용한 최신 의료 서비스를 제공하는 곳이 많다. 그러나 어디까지나 장비 세팅은, 병원에서 맨 마지막 타자가 되어야 한다. 앞서 말한 주 타깃층이 누구인지, 병원의 개원 콘셉트는 어디에 맞춰져 있는지 고려하고 이에 적합한 장비라면 최신의료 시술과 접목해 병원이 업그레이드되는 데 필요할 것이다.

나는 최신 장비에 반대하는 것이 아니다. 다만 장비 구입이야말로 맨 마지막에 들여놓아도 결코 늦지 않으며, 오히려 가장 마지막으로 세팅되어야 최신의 장비로 세팅이 가능하다는 점을 강조하고 싶은 것이다. "구슬이 서 말이어도 꿰어야 보배가 된다"라는 옛말은 오늘날에도 여전히 유효하다. 겉만 갖추어놓고 정작 내실이 부실하다는 느낌을 환자들이 받는다면, 혹은 원장이 장비를 활용하는 게 아니라 오히려 장비에 끌려다닌다는 느낌을 받는다면, 환자들에게 원장과 병원에 대한 신뢰는 길게 이어지지 않을 것이다.

여러 번 강조했듯이, 아무리 최첨단 산업일지라도 결국 일은

'사람'에서 출발하고 일의 마무리 또한 '사람'에서 끝난다. 최신 의학 연구를 공부하고 첨단 장비를 활용한 신기술을 익히는 일은 필요하다. 특히 요즘과 같이 아프지 않은 상태에서 미리 건강을 관리하고, 젊음을 유지하기 위해 주기적으로 병원을 찾는 사람들이 많아진 환경에서, 이 같은 최신의 연구와 장비를 도입하는 일을 게을리해서도 안 될 것이다. 그러나 환경이 급변한다고 해서 원칙이 변하는 일은 없다. F 병원처럼 장비의 힘만 믿고 높은 비용을 치르고도 한 푼의 수익으로도 돌아오지 않는다면, 이는 얼마 안 가 병원의 위기로 돌아오게 될 것이다.

SUPPLEMENT

MSO
전문가에게 묻는다

궁금합니다,
MSO

Q1. MSO 회사에 병원경영에 관한 의뢰를 할 때 병원에서 기본적으로 갖추고 있어야 할 것들이 있을까요?

개원한 지 10년 된 피부과 원장입니다. 제가 병원을 개원할 때만 해도 병원경영관리(MSO)라는 개념은 아예 없었습니다. 데스크 직원이 예약도 받고 접수도 받고, 더러는 상담도 병행하면서 그렇게 이어왔습니다. 그런데 지금은 시절도 환경도 많이 바뀌었습니다. 홍보도 예전처럼 해서는 안 되고, 경영이나 운영도 예전의 방식으로는 경쟁력을 확보하기가 어려운 게 현실입니다.

우리 병원과 경쟁관계에 있는 병원들을 리서치해보니, 요즘은 전문 경영관리 회사의 도움을 받거나, 아예 이들 업체와 연관된 병원끼리 프랜차이즈 형식으로 연결되어 있음을 알게 되었습니다. 아무래도 전문가의 손이 닿는 것과 저 혼자 힘으로 하는 것과는 차이가 있겠지요. 그래서 이번 기회에 우리 병원도 MSO 회사에 경영관리를 의뢰하려고 합니다. 의뢰하기 전에 기본적으로 우리 병원이 갖추고 있어야 할 것들이 무엇인지 알고 싶습니다.

A1. 인력 점검이 가장 먼저입니다.

가장 중요한 부분은 기존 인력과 MSO 팀의 조화가 원활히 이루어질 정도로 병원 내 조직문화가 유연한지를 살펴보시라고 말씀드리고 싶습니다. MSO 회사의 관리를 받게 되면, 이 부분을 맡아서 할 인력이 투입됩니다. 이때 MSO에 투입될 팀을 기존 인력들이 충분히 존중하고 받아들이는 문화가 있어야 이 관리 전략이 힘을 얻을 수 있습니다.

병원에 MSO 팀이 구성된다는 것은 기존 직원들에게는 없던 업무가 새로 생길 수 있음을 의미합니다. MSO 담당자가 자료를 요구할 수 있을 것이고, 필요한 새 업무를 지시할 수도 있게 됩니다. 기존 인력으로 유지되던 분위기가 크게 바뀌어야 할 수도 있습니다.

MSO 팀을 구성하려고 했다는 의미는 병원에 큰 변화를 주기 위해 결심을 했다는 의미입니다. 그런데 이 변화는 사람이 움직여야 가능합니다. 데스크 직원, 간호사, 경리와 행정 업무를 맡은 직원, 상담실장 모두가 변화를 긍정적으로 받아들이고 이를 실행해야 하는 것이지요.

따라서 기존 인력의 분위기에서 변경이 힘들다면 인력을 새로 세팅하는 것도 염두에 두어야 합니다. 앞에서 썼듯이, 제 경우 그릇된 병원의 조직 문화를 없애기 위해 전 인력을 모두 해고하기도 했습니다. 물론 제 경험은 매우 극단적인 사례지만 어떤 형태로든지 기존 인력을 체크하는 일은 필수입니다.

인력 세팅이 필요한지에 대한 판단 역시 MSO 회사에 맡길 수도 있습니다. 내부 시각으로는 판별이 어려울 수 있고, 또 객관성을 띠기가 힘이 들 테니까요. 알다시피 병원 인력의 교체는 아주 어렵습니다. 저 역시 병원의 전 직원을 교체한 일이 지금 생각해도 MSO 일을 하면서 가장 어려운 일이었습니다. 그러나 그만큼 가장 많은 깨달음과 배움을 가져다준 경험이기도 했습니다.

Q2. MSO 비용을 홍보, 마케팅 비용으로 생각하면 될까요?

최근 병원들은 MSO 회사와 연결되어 전반적인 병원관리를 받고 있는 것으로 압니다. 개원을 준비하는 데 드는 비용을 상정하는데 MSO 비용은 홍보나 마케팅 비용 쪽으로 넣으면 되는 것일까요? 홍보비나 마케팅 비용은 병원마다 천차만별이고 얼마나 공격적으로 운영하느냐에 따라 그 액수가 차이날 것 같습니다. 적절한 홍보나 마케팅 비용이 있는 것인지, 개원 때부터 이 항목을 일정 수준으로 잡고 시작해야 하는지 궁금합니다.

MSO 회사에 맡길 경우 비용은 어떻게 되는지도 궁금합니다. 제가 아는 동료 의사는 네트워크 병원이라 MSO 법인이 있어서 시작부터 이 비용을 고정비로 생각하고 시작했습니다. 그런데 우리 병원은 개인 병원이라서 MSO 법인을 이용하기는 힘이 듭니다. 그래서 개원하고 나서 1~2년 뒤에, 병원이 제자리를 잡고 나서 MSO 회사를 연결해야 될지, 그냥 초기에 홍보와 마케팅 비용을 쓴다 생각하고 MSO 회사에 경영관리지원을 맡길지 고민 중입니다. 이에 대한 전문가의 조언이 듣고 싶습니다.

A2. 홍보와 마케팅 개념부터 분리해야 합니다.

가장 먼저 홍보 비용과 마케팅 비용을 동일하게 생각하지 않는데서 출발해야 합니다. 마케팅 안에는 많은 요소가 들어 있는데요, 이중 하나의 수단이 홍보입니다. 마케팅은 병원이 잘 돌아가게 하는 모든 활동을 통틀어 부르는 용어라고 생각하면 됩니다. 그리고 MSO가 관리하는 수많은 영역 중 하나가 마케팅입니다. 다시 말해, MSO의 세팅 포인트 중 큰 영역이 마케팅이 되는 것이지요. 따라서 지금 말씀하신 MSO 비용은 단순히 홍보 비용과는 다른 영역의 비용이라 생각해야 합니다. 물론 모든 부분의 전체적인 경영이 아닌, 어느 일부분의 영역만을 의뢰하는 것이라면 다를 수 있습니다.

개원을 준비 중이거나 MSO 관리를 신청하는 많은 원장님의 경우, MSO와 홍보를 같은 것으로 생각하는 경향이 있는데, 이는 우리나라에 아직 MSO 개념이 정확히 확립되지 않아서일 것입니다. MSO는 병원 내부의 모든 시스템, 그리고 더 나아가 안정적인 병원 운영을 위한 내부, 외부의 모든 기반을 잡아가는 전 과정입니다.

이렇게 홍보와 마케팅, 더 나아가서 MSO 비용을 모두 각각의 항목으로 놓고 비용을 따져보기를 권합니다. MSO 회사의 비용은 회사마다 다르고 계약내용에 따라 다르니 여러 군데 상담을 통해 맞는 회사를 고르시는 게 좋습니다.

그러나 어떤 회사와 계약을 맺든 MSO 관리를 받는 효과는 크다고 말씀드릴 수 있습니다. Chpater.1에 자세히 썼듯이, 무엇보다 절세효과를 볼 수 있고요, 병원의 비의료 업무를 전문으로 수행해주기 때문에 병원에서는 인력과 시설 등의 비용을 절감할 수 있게 됩니다. 병원의 재무 상태와 성과를 객관적인 데이터로 수치화해 분석해주고, 개선할 수 있는 컨설팅 서비스를 해주므로 수익성을 높일 수도 있습니다.

궁금합니다,
병원 매출

Q3. 코로나 기간을 겨우 견뎠습니다. 그런데 경쟁병원은 오히려 매출이 상승했다고 합니다.

우리 병원은 갑상선, 호르몬, 통증클리닉 등 기능의학 베이스의 치료로 환자들을 봐오고 있었습니다. 그런데 2020년부터 본격적으로 코로나 직격탄을 맞기 시작했습니다. 기능의학 병원은 환자들이 아파서 찾는 병원이 아닌 터라, 코로나19가 터지자 환자들의 발길이 뚝 끊긴 것이지요. 저는 다른 병원도 사정이 비슷하려니 생각했습니다. 그런데 아니었어요. 경쟁병원은 코로나 기간 내내 연매출이 수직상승했다고 합니다.

코로나가 끝난 지금, 저는 떨어진 매출을 올리기 위해 마음이 급한데 방법을 어디에서 찾을지 막막합니다. 경쟁병원은 역으로 매출이 상승했고, 우리 병원은 마이너스를 찍기만 한 현실도 받아들이기 힘이 듭니다. 내가 무능력했거나 무지했거나, 아니면 둘 다이거나 하는 생각에 자괴감마저 듭니다.

그래도 지금 원인을 파악해두어야 앞으로 또 이런 일이 발생했을 때 살아남는 병원이 될 수 있을 텐데, 그 방법을 알고 싶습니다.

A3. 시대의 키워드를 잡아야 합니다.

코로가19가 전 세계를 휩쓸던 3년여의 기간 동안 제가 경영 관리했던 병원은 오히려 연매출이 수직 상승했습니다. 병원과 MSO 법인을 포함한 연 매출이 50억을 넘겼고요. 아마 제가 경험한 사례가 답변이 될 수 있을 것 같습니다.

우리는 코비드19 기간에 가장 중요한 마케팅 포인트가 되는 키워드가 무엇일까 생각했습니다. 답은 '면역'이었습니다. 코로나 초창기, 치료제가 없던 시절 많은 사망자가 안타깝게 발생했습니다. 당시 똑같은 코로나바이러스에 감염되어도 누구는 이겨내고, 누구는 중증으로 이어지고, 또 더러는 사망에 이르자 사람들은 '면역력'이 무엇보다 중요하다는 것을 알게 되었습니다.

그래서 우리 병원은 그 즉시 '면역'이라는 새로운 키워드를 잡고 이에 맞춰 새로운 주사제, 프로그램, 영양제를 만들어 마케팅을 진행했습니다. 결과는 놀라웠습니다. 사람들에게는 건강할 때의 상태를 유지하고 지키고 싶어 하는 욕망이 있습니다. 건강한 상태가 무너지는 순간 병이 찾아오니, 이런 욕망은 당연하겠지요. 특히 기능의학, 예방의학, 대체의학을 베이스로 하는 병원은 특히 이런 목적을 가진 사람들이 주 타깃층입니다. 건강한 상태를 오래, 그리고 지속적으로 강하게 유지시키기 위해 관리를 받고 처방을 받는 사람들이 오는 병원이니까요. 우리는 이 부분을 강조하고 또 어필했고, 그것이 통했습니다.

병원 역시 항상 트렌드와 이슈를 확인하고 이에 맞게 움직인다면, 큰 위기에도 크게 영향받지 않고 잘 헤쳐 나갈 수 있습니다. 오히려 평소보다 더 환자와 고객을 많이 끌어올 수 있는 기회가 되기도 하지요. 특정 이슈가 있다면, 위기가 아닌 기회가 온 것이라고 생각합니다. 마케팅으로 활용할 좋은 기회 말입니다. 매출 상승에는 의학적인 방법은 없습니다. 특별히 우리 병원이 연구 개발한 성과가 있지는 않다는 이야기입니다. 이는 모든 병원의 출발선은 동일하다는 이야기와 같습니다.

이슈가 되는 키워드를 잡고, 이를 중심으로 병원의 전 시스템을 새롭게 리뉴얼하고 세팅하는 노력, 이런 노력들이 모여서 우리 병원은 코로나19 기간에 연 매출 50억 달성이라는 성과를 얻을 수 있었다고 확신합니다.

Q4. 대기 환자가 끊이지 않는 우리 병원과 달리 후배 병원의 대기실은 널널했습니다. 그런데 알고 보니 매출액은 우리보다 몇 배가 더 되더군요. 이유가 무엇일까요?

수도권 중심가에서 병원을 운영하고 있습니다. 개원 초기 몇 달을 제외하고는 환자 수가 급감한 일은 없습니다. 저 혼자 대표원장직을 맡고 환자 진료를 맡고 있지만, 그리 힘이 들 정도도 아니고요. 무엇보다 입소문이 많이 난 덕에 환자들 소개도 끊임없이 이어지고 있습니다. 대기 환자로 늘 대기실은 만원에 가깝고요. 덕분에 개원 이후 지금까지 연 매출은 꾸준한 상승곡선을 그리고 있습니다. 연 매출 20~30% 상승곡선이 꺾이지 않은 채 운영되니, 나름 선방하고 있다고 생각합니다.

그런데 얼마 전 후배를 만나러 지방 대도시에 갔다가 충격을 받았습니다. 수도권 못지않은 지방의 제법 큰 도시여서 후배 병원의 입지가 우리 병원에 비해 결코 작지 않은 것은 알고 있었지만, 그래도 수도권과 지방 도시의 차이는 있으리라 생각했습니다. 그런데 후배와 저녁을 먹으며 이야기를 나누다보니, 매출이 우리 병원과는 비교도 되지 않게 높더군요. 환자수가 그리 많아 보이지 않았는데, 너무 의아했습니다. 저도 후배만큼 열심히 하고 있다고 생각했는데, 막상 비교를 하고 보니 제가 무언가 잘못하고 있는 게 아닌지, 그렇다면 어디에서 그 원인을 찾아야 하는지 모르겠더군요. 진료과도 같고, 후배 역시 대표원장 혼자 운영하는 병원입니다. 병원 평수도, 직원 수도 거의 동일하고요. 무엇이 매출의 차이를 가져온 것일까요.

A4. 로아스 지수보다 중요한 게 아르푸 지수입니다.

마케팅에는 '로아스 지수(ROAS Index)'라는 개념이 있습니다. 로아스란 광고비에 대한 매출 비율(Return on Advertising Spend)를 의미하는 말로, 로아스 지수는 특정 광고 캠페인의 결과로 발생한 수익을 해당 캠페인의 비용과 비교하여 측정하기 위해 나타내는 것입니다. 로아스를 구하는 공식은 간략히 광고 수익을 광고 비용으로 나누는 것입니다. 다시 말해, 적은 광고 비용을 들여 많은 광고 수익을 낼수록 로아수 지수가 높아지는 것이지요.

사업을 하는 사람 입장에서, 적은 마케팅 비용으로 큰 수익을 거둔다면 이만큼 매출에 도움이 되는 일은 없을 것입니다. 저는 실제로, 한 병원의 개원부터 MSO 컨설턴트로 투입되어 몇 년간 병원을 운영한 적 있습니다. 제가 운영하는 동안 병원 매출은 수직상승했고, 로아스 지수 1,000%를 달성한 적도 있습니다. 투여되는 홍보비 대비 실제 효과가 1,000배나 상승했다는 의미입니다. 본문에서 제가 상세히 설명한 것처럼, 당시 제가 활용한 방법은 홍보 및 마케팅뿐 아니라 병원의 시스템을 전반적으로 바꾸는 것이었습니다. 병원 외의 비즈니스, 특히 백화점과 호텔의 마케팅을 참조하였고, 대기실의 사소한 볼펜 한 자루, 메모지 한 장도 가볍게 넘기지 않았습니다.

그런데 병원 매출과 관련해서 로아스 지수보다 더 중요한 것이 있습니다. 바로 '아르푸 지수'로, 이는 당장 보이는 매출보다 중요한 지수입니다.

'아르푸(ARPPU)'란 '구매고객 평균 결제액(Average Revenue per Paid User)'을 의미합니다. 제일 단순한 아르푸의 계산으로 만약 하루 동안의 아르푸를 구하고자 한다면, 하루 매출을 하루 동안 상품을 결제한 고객 수로 나누면 되니다. 일례로, 하루 매출이 100만 원이고 결제한 고객이 10명이라면, 아르푸는 10만 원이 될 것입니다. 만약 하루 매출이 100만 원으로 동일하지만 고객이 5명이었다면, 아르푸 지수는 20만 원이 될 것입니다. 즉, 아르푸 지수가 높은 만큼 매장은 덜 붐비고 매출은 상승한다는 의미입니다.

요식업을 예로 들어보면 이해가 쉽습니다. 갈빗집에 저녁 손님으로 2테이블이 찼습니다. 한 테이블에서는 4인이 와서 냉면 4그릇을 주문했고, 다른 한 테이블에서는 2인이 와서 갈빗살 2인분을 시켰습니다. 매출은 어느 테이블이 높을까요? 당연히 1그릇에 12000원 하는 냉면을 주문한 테이블보다 1인분에 32000원 하는 갈빗살을 주문한 다른 테이블의 매출이 더 높을 것입니다. 4인 테이블보다 2인 테이블이 '객단가'가 높은 메뉴를 주문했기 때문이지요.

아마 후배 병원이 대기 환자는 반도 안 되는데 매출이 높다면, 아르푸 지수가 높기 때문일 가능성이 큽니다. 고가의 시술 프로그램을 결제한 환자의 비율이 아마 원장님 병원보다 높을 것입니다. 최소의 시간과 노동의 투자로 최고의 효율적인 매출을 내는 것이 비즈니스가 성공하는 가장 기본이 아닐까 생각합니다. 물론 이에 수반되는 서비스, 품질의 질도 높아야 하는 것은 당연하겠지요. 제가 병원의 고급화와 차별화를 강조하는 이유가 여기에 있습니다.

주변을 보면 병원이 늘 잘 되고, 대기실이 환자로 북적이는 원장님들이 많습니다. 이분들은 건물도 짓고, 직원 수도 늘려서 남들이 볼 때는 정말 성공한 병원장님이라고 부러움을 사는 경우가 많습니다. 그러나 이분들 가운데는, 매출에 대한 행복과 만족보다는 노동에 대한 고충이 더 큰 경우가 많습니다. 이제 관점의 변화가 필요합니다. 물리적인 환자의 수도 무시할 수 없지만, 원장님의 삶의 질을 해치면서까지 끝없는 매출 상승을 도모할 수는 없습니다. 지속 가능하지도 않고요. 우리가 로아스 지수보다 더 크게 신경 써야 할 것이 아르푸 지수인 까닭이 여기에 있다고 생각합니다. 적은 환자를 봐도 높은 매출을 일으킬 수 있는 원장이야말로, 내 시간과 돈을 모두 챙기는 똑똑한 의사가 아닐까요.

궁금합니다,
직원 관리

Q5. 제대로 된 실장을 뽑아 함께하고 싶습니다. 어떤 기준으로 봐야 하나요?

병원장을 하다 보면 가장 힘든 일이 직원이 빈번히 들어오고 나가는 것입니다. 기껏 손발을 맞춰서 하려다 보면 이직을 하거나 그만두는 직원이 많아서 정말 힘이 듭니다. 특히 병원에서 중추적인 임무를 맡는 '실장'급 직원의 경우, 한번 채용하고 나면 가능하면 오랫동안 같이 가는 게 병원 입장에서도 좋고, 원장인 제게도 정말 좋지요. 그래서 가능하면 실장을 채용할 때 오래 근무할 수 있는 사람으로 채용하려 하는데, 그것도 어렵습니다. 무턱대고 오래 근무할 수 있는 조건만 내세우자니 다른 조건이 미흡해 보이고, 겉으로는 상냥하고 외모도 반듯해서 채용해놓았더니 성실함과는 담을 쌓은 친구들도 더러 있었습니다.

개인병원은 일개인의 역량이 곧 병원의 역량으로 평가받는 곳이라 생각합니다. 한 직원의 잘못된 태도가 병원에 큰 타격으로 오기도 하는 터라, 여간 조심스러운 일이 아닙니다. 그러나 실장 역할을 해줄 직원이 필요합니다. 어떻게 하면 제대로 된 인재를 뽑을 수 있을까요?

A5. 좋은 병원장 밑에 좋은 실장이 탄생합니다.

저는 병원의 실장은 반드시 '실무'를 맡아서 해본 사람 가운데 뽑으라고 말씀드립니다. 경력이 많은 것은 중요하지 않습니다. 나이도 저는 중요하지 않다고 말씀드립니다. 경력이 1~2년밖에 되지 않아도 실무에 굉장히 능숙하고 마음이 넉넉하며 품이 넓은 친구들이 있습니다. 이들을 눈여겨봐두었다가 실장으로 발탁하세요.

요즘 강남의 성형외과나 피부과 병원 중에는 반듯한 외모만 보고 실장 자리에 앉히는 곳들이 많습니다. 아무래도, '실장'의 주 업무가 상담하는 업무이나 보니 병원의 '얼굴' 정도로 생각하는 것 같습니다. 그러나 외모만 보고 실무는 전혀 모르는 실장은 병원의 리스크가 될 확률이 상대적으로 높습니다. 물론 미용 베이스의 병원에서는 환자에게 보이는 상담실장의 외모도 중요한 요소이지만, 인센티브에만 경도되어 환자들에게 과도한 시술 프로그램을 강요하는 경우, 환자와 라포가 생기기도 전에 결제부터 유도하다가 병원 이미지를 망치는 사례 등을 주변에서 많이 봐왔기 때문이지요. 단기간에 매출을 올려주는 실장보다는 병원의 내실을 꾀하고 병원의 직원들을 잘 관리하여 탄탄한 기반을 잡아주는 실장, 원장님의 병원운영 철학을 같이 공유하면서 파트너십을 가져갈 수 있는 실장 감을 선택해야 합니다. 이런 친구들은 분명 현재 근무하는 직원 가운데 있을 것입니다.

그리고 무엇보다 중요한 것은, 병원장이 병원 실장에게 권한과 역할을 확실히 부여해주는 것입니다. 직원들을 다 모아놓고 이제부터 "○○○가 병원의 총 책임과 관리를 맡는다"라고 공식 선언하십시오. '팀장'으로 승진시키는 일도 병행되어야 합니다. 병원은 특히 조직문화가 세게 자리 잡은 곳입니다. 직원들끼리 알력도 생길 수 있는 조직인 만큼 병원장이 실장에게 역할과 권한, 권위를 공공연히 부여해주어야 직원들을 리드하고 관리할 수 있습니다.

또한 실장들에게는 병원 전 부서를 모두 들여다보고 감사할 수 있는 권한도 부여해야 합니다. 병원에서 실장이 자기 책상에 앉아 있는 일은 될 수 있는 한 거의 없어야, 그 병원이 잘 돌아간다고 생각합니다. 저 역시 MSO로 병원의 행정 및 상담과 관리 실장을 맡았을 때, 자리에 앉아 있을 새가 없었습니다. 이 부서,

저 부서를 돌아다니며 그날그날의 상황을 체크하는 일은 책상에서 할 수 없는 일이니까요. 사람은 믿는 만큼 행동하며, 또 믿어주는 만큼 보답합니다. 그 점을 명심하세요.

Q6. MZ 직원들과 원활하게 소통하고 싶습니다. 요령을 알려주세요.

개인병원에서 실장이자 팀장으로 일하고 있습니다. 이 병원장님과 일한 지는 거의 15년이 다 되어갑니다. 개원 초기에 간호조무사로 입사했는데, 원장님이 좋게 봐주신 덕에 병원이 확장되면서 데스크 업무를 맡게 되었어요. 그리고 부원장님이 합류하고 병원 진료과가 늘어나면서 병원 건물을 짓게 되었습니다. 당연히 직원들도 예전에 비하면 2.5배 증원되었지요.

병원장님은 저를 초창기 멤버로 생각하시기에 가족같이 생각해주십니다. 저 역시 이곳에서 근무하는 동안 결혼도 하고 아이도 낳았습니다. 원장님 덕에 안정된 직장에서 일하고 있다고 생각합니다. 제가 병원에서 맡은 역할은 '상담 및 행정 실장'입니다. 원장님은 거의 진료만 신경 쓰고 계시고, 제가 제약회사 미팅, 세무사 관리, 직원 채용과 업무 지시, 상담 총괄, 홍보와 마케팅 외주업체 관리 등을 모두 하고 있어요.

그런데 얼마 전부터 고민이 생겼습니다. 병원을 확장하면서 새 직원들이 대여섯 충원되었는데, 이들과 소통이 쉽지 않다는 것입니다. 소위 MZ세대, 그중에서도 Z세대라고 해야겠지요. 저는 30대 후반으로 거의 첫 밀레니얼 세대라고 해도 과언이 아니지요. 직원들 가운데는 2000년대 생도 있으니, 저와는 차이가 많이 날 수밖에 없습니다. 그런데 출근 시간부터 근무 태도, 환자를 대하는 말투까지 제 눈에는 한참 부족합니다. 적어도 출근 시간 10분 전에는 도착해야 정상 근무가 가능할 텐데, 정각에 들어와 놓고 업무를 시작하니 늘 그 친구들은 10분 정도 늦게 업무를 시작합니다. 환자를 대할 때도 조금 친절하면 좋겠는데, 그냥 기계적으로 응대합니다. 전화 받는 것도 그렇고요. 타 부서가 바쁠 때는 도와줄 법도 한데, 자기 업무가 아닌 이상은 전혀 꼼짝도 하지 않습니다. 그래서 팀장으로서 지적하고 고쳐줄 것을 당부하는데, 통하지는 않습니다. 요즘 누가 그렇게 근무하느냐는 반응을 보여서 오히려 당황했습니다.

예전 소규모일 때는 이렇지 않았는데, 새로 들어온 직원들이 이렇게 행동하니 점점 병원 분위기가 변해갈까 봐 걱정입니다. 무엇보다 마음 놓고 소통이 안 되는 게 가장 큽니다. 팀장이 무슨 말을 하든 받아들일 자세가 되어 있지 않으니, 제가 잘못 생각하고 있는 것인지 싶기도 하고 판단이 잘 안 섭니다.

A6. 세대의 문제가 아니라 개인의 문제입니다.

요즘 회사의 많은 상사들이 MZ 신입사원과의 '갈등(?)'으로 고민을 토로하는 글이 직장인 대나무숲이나 커뮤니티에 많이 올라온다고 합니다. 나이 지긋한 상사뿐 아니라, 아직 젊은 중간관리급 팀장들도 신입사원의 이해할 수 없는 질문이나 태도에 어찌 할 바를 모른다는 고민을 토로한다고 하죠.

그러나 저는 대부분의 MZ 세대 문제는 세대의 문제가 아니라 개인의 문제라고 생각합니다. 제가 아는 MZ들의 경우 저와 갈등을 빚은 친구들은 거의 없습니다. 다들 성실하고, 자기 맡은 바 책임을 다 하며, 우리들과 별반 다르지 않았습니다. 아마 지금 말씀하신 새 직원들은 MZ이기 때문이 아니라 그들 개인의 문제라고 생각해야 합니다.

환자들이 내원하는 시간에 응대해야 하는 직원이 같이 출근해도 괜찮다는 생각이 MZ세대 문제일까요? 병원은 대면 업무를 하는 곳이고, 게다가 데스크 직원이라면 친절하고 상냥한 태도로 업무해야 하는 것은 기본으로 갖춰야 할 자세입니다. 신세대든 MZ세대든 상관없이 본인이 해야 할 일에서 책임을 다하는 것이 성인의 자세입니다. 괜한 MZ라는 거짓 방패막이 뒤에 숨은 비겁한 태도라고 생각합니다.

이런 분위기가 위험한 것은, 이게 전체 직원에게로 번질 수 있고 더 나아가 병원의 분위기까지 흐리게 된다는 점입니다. 지금껏 성실하고 근면하게 일해왔던 기존 직원들의 눈에는, 새로 들어온 직원들의 근무 태도가 태만으로 보일 수 있습니다. 또 차별받고 있다고 느낄 수도 있고요. 저는 그래서 직원 채용 시 면접 때 반드시 이런 질문을 합니다.

"평소 예민한 편인가요? 본인 성격이 예민하다고 생각하거나 뾰족하다고 생각하면 우리 병원에는 맞지 않으니 한번 더 숙고하고 와주세요."

대개 병원 근무자의 경우, 본인의 까탈스러움과 미성숙함을 '예민함'으로 포장하는 일이 많습니다. 원칙주의자라느니, 자신은 부당한 일을 못 참는다느니 하는 이상한 논리를 펴는 직원도 전 많이 보았어요. 그래서 면접 때 이런 질문을 함으로써 사전에 병원의 분위기를 망칠 만한 후보들을 걸러내곤 했습니다.

그러나 이미 채용한 경우라면, 병원의 근무 원칙, 근로 계약서에 따라 과감히 결단을 내리시길 권합니다. 환자 대응 태도, 근무 태만 등을 이유로 해고의 사유가 될 수 있으며, 수습 기간을 정해놓고 근로계약을 맺었다면 3개월 안에 해고하면 됩니다. 병원에 도움이 되기는커녕 리스크를 가져올 게 뻔히 보이는 직원까지 설득해서 같이 가야 할 이유가 없습니다. MZ세대들은 똑똑하고 현명합니다. 제가 만난 친구들은 그랬습니다. 세대 프레임에 속지 마시고 현명한 결단을 내리시길 바랍니다.